Dévi Tulasi

Déesse de la Dévotion

Mata Amritanandamayi Center, San Ramon
Californie, États-Unis

Dévi Tulasi, Déesse de la Dévotion
Écrit par Sarvaga et Gunavati

Publié par
Mata Amritanandamayi Center
P.O. Box 613
San Ramon, CA 94583
États-Unis

——————*Tulasi Devi – French* ——————

Première édition par le Centre MA : septembre 2016

En France :
Ferme du Plessis
28190 Pontgouin
www.ammafrance.org

En Inde :
www.amritapuri.org
inform@amritapuri.org

Nous offrons ce livre à notre Amma bien-aimée. Sa grâce a permis, inspiré et béni cette entreprise. Nous offrons ce livre à Dévi Tulasi et lui demandons de nous pardonner si des erreurs ont pu se glisser dans la description de sa beauté. Puisse ce livre apporter une modeste contribution au service de toute la création. Puisse la Mère Divine nous aider à éveiller l'harmonie sur terre et bénir ce livre pour qu'il apporte la guérison au lecteur tout en l'éveillant à l'amour de tous les êtres et à celui de la Nature.

Table des matières

Préface

Sri Mata Amritanandamayi

"« Dans le cosmos, tout a un rythme. Le vent, la pluie, les vagues, les mouvements de notre respiration et les battements de notre coeur, tout a un rythme. Ainsi, la vie aussi a son rythme. Notre vie suit le rythme et la mélodie de nos pensées et de nos actions. Quand nos pensées perdent leur rythme, nos actions s'en ressentent, et c'est le rythme même de la vie qui est déstabilisé. C'est ce que nous voyons tout autour de nous aujourd'hui.

Aujourd'hui, l'air devient de plus en plus pollué; l'eau aussi. Les rivières s'assèchent. On détruit les forêts. De nouvelles maladies se propagent. Si cela continue, une énorme catastrophe se prépare pour la Nature et pour l'humanité tout entière. »

— Amma

Aujourd'hui plus que jamais, il est devenu évident que l'humanité doit changer pour assurer sa survie. Il est vital que chacun d'entre nous opère des transformations dans sa façon de vivre afin de maintenir l'harmonie sur Terre. Nous avons la chance de recevoir des graines d'espoir pour nous guider et nous inspirer. Cet espoir et cette inspiration sont le sens même de la vie d'Amma.

Par ses actes d'amour et de sacrifice extraordinaires, Mata Amritanandamayi, plus connue sous le nom d'Amma (Mère), a gagné le cœur de millions de gens dans le monde.

Elle prend dans les bras, serre contre son cœur et caresse tendrement tous ceux qui viennent à elle. Amma leur accorde son amour illimité sans s'occuper de leurs croyances, de leur position sociale ou de leurs motivations. De cette façon à la fois simple et puissante, Amma transforme d'innombrables vies. D'étreinte en étreinte elle aide les cœurs à s'épanouir. En 37 ans, Amma a physiquement étreint plus de 27 millions de gens du monde entier.

L'enseignement d'Amma est universel. Chaque fois qu'on lui demande de quelle confession elle est, Amma répond que sa religion, c'est l'amour. Elle ne demande à personne de croire en Dieu ou de changer de religion, tout ce qu'elle demande aux gens, c'est de chercher à connaître leur véritable nature et d'avoir confiance en eux.

Amma se dévoue inlassablement pour permettre à chacun de s'épanouir. Grâce au vaste réseau d'œuvres caritatives qu'elle a mis en place, les gens découvrent la paix que l'on ressent en servant autrui sans rien attendre en retour.

Ce large réseau d'œuvres caritatives comprend des logements gratuits pour les pauvres, des aides aux régions sinistrées, un orphelinat, des distributions gratuites de nourriture et de médicaments, des pensions pour les femmes démunies, le parrainage de mariages pour les pauvres, une aide judiciaire gratuite, des actions pour la prévention du suicide chez les agriculteurs, des programmes pour améliorer la condition des détenus, des hôpitaux et des campagnes sanitaires qui permettent aux pauvres de se faire soigner gratuitement ainsi que de nombreux établissements scolaires, des universités et des programmes éducatifs.

Greenfriends est l'une des branches du grand arbre des œuvres caritatives d'Amma. A la base de cette initiative, il y a un mouvement lancé en Inde en 2001, destiné à faire prendre conscience que l'humanité et Mère Nature sont une seule entité harmonieuse. Depuis, ce mouvement s'est étendu au monde entier pour nous inciter à préserver et à protéger l'environnement.

Parmi les nombreuses actions menées par Greenfriends en Inde, il y a la plantation de plus de 100.000 arbres par an, la protection des vieux bosquets sacrés, la sensibilisation de la population pour l'inciter à renouer avec des pratiques non nocives pour l'environnement, le soutien et l'installation d'agriculteurs biologiques (surtout parmi les populations tribales) sans oublier des campagnes en faveur du développement durable en milieu scolaire. A l'étranger, Greenfriends se lance dans la « permaculture » et l'apiculture, organise des ateliers d'éco-construction, des plantations d'arbres, des chantiers de restauration de l'environnement et des retraites de méditation dans la nature. Greenfriends met également en place des jardins biologiques partagés pour nourrir les sans-abris, des programmes pour sensibiliser les enfants à l'environnement ainsi que des projets pour restaurer les habitats naturels et la biodiversité.

Amma a fait du retour aux anciennes traditions qui enseignent le culte et le respect de Mère Nature, un des thèmes essentiels de Greenfriends. C'est dans cette perspective que la culture traditionnelle et le culte du tulasi s'intègrent dans le projet de Greenfriends. Amma souligne que cultiver l'amour du Tulasi peut favoriser l'ouverture de conscience, permettant de voir le divin en tout, et aider à retrouver l'harmonie perdue entre l'humanité et Mère Nature. Elle recommande cette plante aux nombreux pouvoirs de guérison à beaucoup de gens souffrant de maladies allant du rhume au cancer. Elle a demandé qu'on en cultive dans le monde entier.

Introduction

L'Incomparable

Tulasi signifie « l'Incomparable ». Cette plante fait l'objet d'un culte depuis des milliers d'années. On vénère en elle une incarnation de la Mère Divine sur Terre. Dans les légendes, les Écritures, les pratiques médicinales, les foyers, les temples et les cœurs, le tulasi est devenu un symbole éternellement florissant de la façon dont on révérait autrefois la nature dans la tradition indienne.

La Mère Divine a donné l'exemple du sacrifice de soi et de l'humilité en choisissant de se manifester dans cette plante toute simple. Dans sa compassion infinie, elle s'offre tout entière – feuilles, fleurs, graines et tiges du Tulasi – à la médecine et à la dévotion. Elle offre son corps – sous forme de bois – qui se fait perles à égrener en récitant les noms de Dieu. Elle nous enseigne que le divin s'est incarné jusque dans les plantes les plus modestes en apparence. De cette façon, nous apprenons à contempler Dieu jusque dans les plus petites choses et à honorer le divin dans tous les aspects de la création.

Le Tulasi a le pouvoir de guérir d'innombrables maladies physiques, mentales et spirituelles. Cette plante incarne la pureté et purifie tout à la fois l'atmosphère qui nous entoure, nos corps, nos émotions et nos âmes. Elle peut guérir les yeux au niveau physique tout en nous aidant intérieurement à contempler le divin dans toute la création. Dans les *Védas* (anciennes Écritures sacrées de l'Inde), on attribue au Tulasi le pouvoir de purifier les péchés. Cette plante a également la réputation de nettoyer les poisons intérieurs et extérieurs. Elle nous ouvre à l'amour tout en protégeant et renforçant notre cœur au niveau physique.

A cause de ses innombrables vertus médicinales, le tulasi est depuis longtemps un des piliers de l'ayurvéda. Son pouvoir de guérison holistique en a fait un ingrédient essentiel des remèdes de grands-mères. De nos jours, les recherches scientifiques confirment et popularisent les propriétés du Tulasi qui étaient connues et exploitées depuis l'antiquité.

Le Tulasi réveille le désir inhérent à l'humanité d'honorer Mère Nature dans ce qu'elle a de divin. Aujourd'hui plus que jamais, nous avons besoin de retrouver dans la vie de tous les jours les pratiques ancestrales qui permettent d'exprimer l'amour de la Nature et notre gratitude envers Elle pour tout ce qu'Elle nous donne. Ces pratiques créent la prise de conscience nécessaire à la construction d'une société durable. Il existe un autre aspect, peut-être encore plus important: en vénérant la Nature, nous développons une harmonie mentale qui se reflétera dans notre environnement. Le simple rituel que l'on pratiquait depuis des siècles pour vénérer le Tulasi dans la plupart des foyers indiens est devenu un symbole fort de l'amour et du respect pour la création tout entière.

Parmi les nombreuses vertus médicinales du Tulasi, on le considère comme une plante « adaptogène », car Il stimule la capacité du corps à gérer le stress. Étant donné les différentes formes de stress modernes qui nous affectent tous dans nos vies, il est important pour ceux qui cherchent à se soigner avec les remèdes offerts par la Nature de connaître cette plante qui attire des gens sans distinction de religions, de nationalités ou de milieux. Même le nom latin de cette plante, *Ocimum sanctum,* prouve que Son caractère sacré était reconnu. Pour cultiver du Tulasi dans différents pays du monde et sous divers climats il a fallu mettre en commun des trésors d'expériences et découvrir la meilleure façon de cultiver cette plante. Le simple fait de s'occuper de cette plante fragile est en soi une expérience enrichissante qui peut aider à éveiller en soi les qualités maternelles.

> « *Tous ceux, hommes ou femmes, qui ont le courage de dépasser les limites du mental peuvent cultiver les qualités maternelles universelles. Quand les qualités maternelles sont éveillées, ce n'est pas seulement envers ses propres enfants que l'on ressent de l'amour et de la compassion, c'est envers tous les êtres humains, tous les animaux, toutes les plantes, toutes les pierres et toutes les rivières – c'est un amour qui s'étend à toute la Nature, à tous les êtres. En effet, les femmes chez qui ont été éveillées les véritables qualités maternelles considèrent toutes les créatures comme leurs enfants. Cet amour, ces qualités maternelles sont l'amour divin – et cela c'est Dieu.* »
>
> – Amma

En puisant dans les trésors de la culture indienne, nous avons un aperçu des diverses légendes et formes de culte traditionnelles associées à la Déesse incarnée en Dévi Tulasi. En adaptant ces rituels pour les intégrer dans la vie de tous les jours, chacun de nous peut ressentir la grâce d'un lien tangible avec Dévi Tulasi et avec le divin.

Amma a encouragé la sensibilisation au Tulasi partout dans le monde pour le bien de la création entière. Dans ce livre, nous abordons les diverses utilisations et vertus médicinales du Tulasi pour aider le lecteur à savoir comment utiliser cette plante dans un but d'auto-guérison. Puisse la connaissance ainsi cultivée nous aider sur la voie qui nous reconnecte avec notre propre cœur et avec le cœur de Mère Nature.

Chapitre I

L'Ayurveda et les vertus thérapeutiques du Tulasi

Depuis des milliers d'années l'ayurveda décrit et enseigne la gamme impressionnante des bienfaits thérapeutiques du tulasi. La recherche scientifique moderne vient aujourd'hui confirmer ce que l'on savait sur le tulasi et même compléter la liste pourtant déjà longue des étonnantes vertus de cette plante. Le tulasi – à qui l'on donne communément le glorieux surnom d'« élixir de vie » - entre dans la composition de centaines de formules traditionnelles. Ces remèdes soignent un nombre incalculable de problèmes sanguins, rénaux, cardiaques, pulmonaires ainsi qu'une grande quantité de maladies du foie, de la gorge et de la bouche. Le tulasi soigne également les systèmes digestif, reproducteur et nerveux ainsi que le métabolisme.

Qu'est-ce que l'ayurveda?

L'ayurveda est une sagesse ancestrale qui enseigne l'art de vivre en harmonie avec notre être profond et notre environnement. De nos jours, l'ayurveda se place en tête de la liste des pratiques de santé corporelles, mentales et spirituelles. L'ayurveda est sorti de son cadre géographique traditionnel et suscite l'attention du monde entier.

L'ayurveda est une science de la vie et de la conscience qui peut se révéler très utile pour nous, au niveau individuel ou social, et pour notre mère la Terre. A notre époque, l'harmonie de la Nature se détériore rapidement. La planète et l'humanité souffrent d'un profond déséquilibre. Les ressources diminuent très vite tandis que la guerre et la maladie progressent. L'ayurveda offre une solution pratique et réaliste à beaucoup de ces problèmes.

Les connaissances de l'ayurveda nous ont été léguées par les *rishis* (anciens sages), les guérisseurs et les *yogis* qui vivaient en Inde dans les temps ancestraux. D'abord révélé par le Créateur aux *rishis*, l'ayurveda a ensuite été transmis oralement de guérisseur en guérisseur pendant un nombre incalculable de générations avant d'être transcrit aux alentours de 5.000 ans avant Jésus-Christ. C'est dans le *Rig Veda* que l'on trouve le premier texte ayurvédique scientifiquement documenté. Dans l'un de ses versets, il est dit : « Que le soleil soit source de bonheur, que le ciel soit source de bonheur, que tous les arbres et toutes les plantes soient sources de bonheur. Que tout cela nous apporte la paix du cœur et que même cette paix nous engendre la paix. »

L'ayurveda intègre des connaissances spirituelles qui nous aident à mener une vie saine et équilibrée et à vivre en paix tout en recherchant le but suprême, la réalisation du Soi. L'ayurveda explique la Nature de l'Univers et nous apprend à nous mettre en harmonie avec lui. Un principe central de l'ayurveda est que tout dans l'Univers est relié et interdépendant.

Le mot *ayurveda*, se décompose en *ayu* qui veut dire 'vie' et *veda* qui signifie 'savoir, 'science'. La traduction littérale de *ayurveda* est donc 'science de la vie'. On considère *Ayu* comme un processus englobant le corps, les sens, les émotions, le psychisme-mental et l'âme. Ce processus se réfère à tous les âges de la vie, la naissance, l'enfance et l'âge adulte; sans oublier le processus de la mort et du passage au-delà de la mort. L'ayurveda a donc des remèdes individualisés pour tous les stades de la vie.

De plus, l'ayurveda prodigue des conseils simples et pratiques en matière d'alimentation et d'hygiène de vie pour se maintenir en bonne santé et permettre à ceux qui souffrent d'un déséquilibre physique d'améliorer leur condition. C'est un système complet ayant fait ses preuves qui aide à vivre bien et longtemps. En adoptant ses principes dans la vie de tous les jours, on peut favoriser l'harmonie sur Terre, bénéficier d'un corps en bonne santé et de relations constructives.

Plusieurs aspects de l'ayurveda en font un système de guérison unique. Les recommandations reposent sur un système de constitutions et sont donc personnalisées en fonction de la condition de chacun. Selon l'ayurveda, trois forces énergétiques principales, les *tridoshas,* influencent la Nature et les êtres humains.

Chaque individu combine ces trois forces d'une manière qui lui est propre. Les *tridoshas* se composent des cinq éléments présents partout dans l'univers : l'éther, l'air, le feu, l'eau et la terre. Tout dans la création est le résultat du jeu – ou de la danse – de ces cinq éléments. Le mot *doshas* signifie 'impureté' ou 'déséquilibre'. Les trois *doshas (vata, pitta et kapha)* sont responsables des phénomènes biologiques, psychologiques et physiologiques du corps, de l'esprit et de la conscience. Un excès ou une insuffisance de *doshas* peut engendrer la maladie. Des *doshas* en harmonie assurent l'équilibre intérieur.

L'ayurveda et les plantes médicinales

L'ayurveda dispose de nombreuses approches thérapeutiques, parmi lesquelles la phytothérapie et les soins corporels naturels. Traditionnellement on prépare les remèdes ayurvédiques sans produit chimique ni pesticide ou herbicide. Dans le monde où nous vivons, il est tout particulièrement important d'utiliser des produits naturels car les maladies et déséquilibres contemporains sont souvent dus à une dose trop élevée de produits chimiques et d'ingrédients artificiels.

Le tulasi fait partie des plantes ayurvédiques les plus estimées et respectées. Il est célèbre pour ses puissantes vertus thérapeutiques et entre dans la composition de nombreux remèdes, tisanes et produits de soins corporels. Le tulasi est indiqué en cas de toux, rhume, grippe, fièvre, congestion, bronchite, asthme, sinusite, maux d'oreilles et de tête, diabète, indigestion, troubles gastriques, ulcères, hypertension artérielle, cholestérolémie, maux de gorge, calculs rénaux, douleurs articulaires, arthrite rhumatismale, nausées, vomissements, crampes, affections buccales, allergies, parasitose interne, piqûres d'insectes, pour lutter contre de nombreuses affections cutanées et oculaires ainsi que la malaria et le cancer.

Bien que le tulasi s'apparente au basilic, ses vertus thérapeutiques sont bien plus puissantes que celles du basilic aromatique que l'on utilise en cuisine. C'est peut-être la plante la plus réputée sur terre pour l'étendue de ses propriétés thérapeutiques et spirituelles.

L'ayurvéda classe les plantes en trois catégories selon leur nature : les pures (*sattviques*), les actives (*rajasiques*), et les épaisses (*tamasiques*). Ces trois catégories sont aussi utilisées pour classifier les états de conscience. Le tulasi est associé à la conscience pure (sattva). Sont aussi *sattviques* la lumière pure, l'action vertueuse, la créativité et la capacité d'observation. *Sattva* donne le discernement, la connaissance et la capacité de connaître la vérité. *Sattva*, à son niveau le plus élevé, donne naissance à la Paix, à l'harmonie, au contentement, à la compassion, à l'amour inconditionnel, à l'absence d'attente, à la dévotion et à la foi. On peut ajouter que l'équilibre est un état *sattvique*. Quand *sattva* prédomine, la paix et la tranquillité règnent.

Les diagnostics et traitements ayurvédiques s'inscrivent dans le contexte des *doshas*. *Vata dosha* se compose des éléments éther et air, *pitta dosha* de l'élément feu et *kapha dosha* des éléments eau et terre. Les *doshas* gouvernent tous les changements biologiques, physiologiques et pathologiques qui interviennent dans le corps. *Vata*, *pitta* et *kapha* se combinent différemment au sein de chaque cellule, de chaque tissu et de chaque organe.

Vata régule le mouvement et gouverne le système nerveux. *Kapha* est le principe de cohésion qui fonctionne au travers des liquides corporels. *Pitta* est le principe de bio-transformation qui gouverne les processus du métabolisme dans le corps. Les trois *doshas* se manifestent à différents degrés en chaque individu pour déterminer sa constitution physiologique (*prakriti*). *Vata*, *pitta* et *kapha* s'expriment différemment selon les êtres humains en fonction des qualités spécifiques (*gunas*) qui prédominent.

En terme de *doshas*, le tulasi calme *vata* et *kapha* tout en augmentant *pitta*. Par exemple, le tulasi diminue l'anxiété et le stress qui sont des qualités *vata*, il réduit les sécrétions de mucus qui sont des substances *kapha* et favorise la digestion qui est une fonction *pitta*.

Le tulasi est diaphorétique, ce qui veut dire qu'il stimule la transpiration et la circulation tout en favorisant l'élimination des toxines par la peau. Il est également antispasmodique, antibactérien, antiseptique et bienfaisant pour le plasma, le sang, la moelle osseuse, les nerfs et les tissus du système reproducteur.

Le tulasi nous débarrasse des excès de *vata* au niveau du colon et améliore de ce fait l'absorption des nutriments tout en renforçant et régénérant le système nerveux. C'est un tonique du système nerveux qui favorise la clarté d'esprit et accroît le niveau de conscience. Le tulasi est un remède incomparable en cas de stress et de maladies liées au stress. En calmant le mental, le tulasi peut aider les gens à méditer plus profondément.

En débarrassant les poumons, les voies respiratoires et le nez des mucosités dues à un excès de *kapha*, le tulasi augmente la force vitale (le *prana*) et accélère la circulation. L'augmentation du *prana* aide à lutter contre l'asthme, les bronchites, les rhinites, les allergies et autres affections respiratoires. Le tulasi est bienfaisant pour le système respiratoire et augmente la capacité pulmonaire et la respiration cellulaire.

Le tulasi agit spécifiquement sur la toux, les refroidissements, les sinusites, les maux de tête, l'arthrite, les rhumatismes et la dilatation abdominale. Le tulasi a un pouvoir sudorifique et purificateur du système lymphatique qui en fait un fébrifuge de premier ordre, quelle que soit l'origine de la fièvre.

Le tulasi favorise la digestion en activant le feu digestif (*agni*) et permet de réduire les kilos superflus tout en régulant le fonctionnement de la rate et du pancréas, ce qui a pour conséquence de diminuer et d'équilibrer le taux de sucre et de cholestérol dans le sang.

L'ayurvéda prend toujours en compte les propriétés spécifiques des plantes. Il est essentiel de connaître en détail les propriétés des plantes afin de les utiliser correctement à des fins thérapeutiques. *Virya*, l'énergie-force ou puissance de la plante, est un facteur important pour savoir comment utiliser une plante selon qu'elle réchauffe ou rafraîchit le corps.

On appelle *Vipaka* l'action de la plante sur le corps après la digestion ; elle est en corrélation avec les phénomènes d'absorption et d'élimination. Les six goûts (*rasa*) sont : sucré, acide, salé, amer, piquant et astringent. Chacun de ces goûts correspond à deux des cinq éléments. L'eau et la terre pour le sucré. L'air et l'éther pour l'amer et l'astringent. L'eau et le feu pour le salé. La terre et le feu pour l'acide. Le feu et l'air pour le piquant.

Les vertus des plantes sont appelées les *gunas.* Elles sont regroupées en dix paires complémentaires telles que chaud et froid, sec et humide, etc. Bien connaître la *guna* permet d'affiner le choix du traitement en fonction de la constitution personnelle des individus.

Propriétés ayurvédiques du tulasi :

Rasa (goût) – piquant (*katu*) & amer (*tikta*)
Guna (qualité) – léger (*laghu*) & sec (*ruksha*)
Virya (force) – chaud (*ushna*)
Vipaka (goût après digestion) – piquant (*katu*)

Bien que le tulasi soit un remède efficace pour large un éventail de maladies chroniques et aiguës, on peut également en prendre à titre préventif pour renforcer les défenses immunitaires ainsi que les mécanismes corporels naturels qui préservent la santé. Pris régulièrement, le tulasi diminue le risque de maladie et accroît l'énergie.

Chapitre 2

Recherche médicale
et applications

« Les feuilles de tulasi ont un grand pouvoir thérapeutique. Elles ne pourrissent pas et gardent leurs propriétés médicinales même plusieurs jours après avoir été récoltées. Leurs vertus médicinales étaient déjà connues au temps des rishis il y a des milliers d'années, leur efficacité est aujourd'hui scientifiquement prouvée par des expériences modernes. »

— Amma

La recherche médicale commence à peine à percer le secret de certaines des miraculeuses vertus thérapeutiques du tulasi (Ocimum sanctum). Jusqu'alors, les recherches ont été limitées, car conduites en premier lieu in vitro (dans des tubes à essai) ou sur des animaux plutôt que sur des êtres humains. Les recherches visent à identifier les principaux composants actifs, leur mode d'action probable et les domaines médicaux dans lesquels ils pourraient se révéler utiles. Les résultats sont impressionnants et viennent − dans la plupart des cas − valider les utilisations traditionnelles. Le tulasi suscite donc un intérêt grandissant en parallèle à la reconnaissance croissante accordée à la phytothérapie traditionnelle. Il faudra d'autres recherches plus approfondies pour comprendre parfaitement le potentiel thérapeutique de cette plante sacrée et en apporter les preuves scientifiques.

Voici, ci-dessous, la liste des composants actifs d'Ocimum sanctum mis en évidence scientifiquement à ce jour. Nous y avons ajouté leur mode d'action et leurs applications cliniques potentielles définies par la recherche scientifique.

Composants actifs

Ocimum sanctum (*OS*) contient des alcaloïdes, des graisses, des hydrates de carbone, des protéines, des glycosides, des phénols, des saponines, des tanins, des terpènes, des flavonoïdes, des vitamines et des minéraux. Il a été démontré que son huile essentielle renfermait plus de 57 composants en plus ou moins grande quantité selon l'endroit où on cultive la plante et l'époque à laquelle on procède à la récolte (1).

L'huile contient principalement des terpènes et des phénols volatiles dont : eugénol (un composant pharmaceutique majeur), méthyle eugénol, éther de méthyle, caryophyllène, terpine-4-ol, décylaldéhyde, salinène, alpha pinène et beta pinène, camphène, carvacol, acide ursolique-terpène, acide ursolique, acide oléanique, juvociméne 1 et 2, thymol, rhymol, camphre, xanthomicrol, caféate, myrcénol et nérol.

L'huile fixe des graines contient également des acides stéariques, palmitiques, oléiques, linoléiques et linoléniques (2). Les feuilles contiennent de la vitamine A, de la vitamine C, du calcium, du fer, du zinc, du manganèse, du sélénium et du sodium. (3p.53)

Mode d'action

Adaptogène

L'*OS* est un puissant adaptogène; c'est-à dire qu'il augmente la résistance non-spécifique du corps au stress, en permettant à la personne de s'adapter plus facilement à un milieu physique et chimique hostile ou stressant d'un point de vue biologique. Les plantes adaptogènes comme l'*OS* possèdent souvent une large panoplie de propriétés : antioxydant, anti-cancérigène, immuno-modulatoire, hypocholestéromiant, hypoglycémiant, hépato-protecteur, chimiopréventif et anti-inflammatoire. Parmi les autres propriétés utiles qui accroissent la résistance, on peut mentionner l'effet anabo-lisant, l'augmentation de la force musculaire et une meilleure utilisation de l'oxygène. Une étude effectuée sur les animaux a montré qu'*OS* amé-liorait les performances physiques et l'endurance tout en procurant plus d'énergie physique que certains médicaments synthétiques modernes ou que le ginseng de Sibérie ou de Corée, deux des adaptogènes les plus couramment utilisés. De plus, il produisait moins d'effets secondaires et avait un effet calmant par opposition à l'action stimulante du ginseng. La combinaison de ses effets calmants et adaptogènes en fait une plante de choix dans le monde contemporain où le stress est invaria-blement facteur de faiblesse et de mauvaise santé. (3 p. 32)

Anabolisant

Dans des études menées sur les animaux, on a observé après l'administration d'*OS* un renfor-cement de la synthèse des protéines ainsi qu'un accroissement de la masse et de la force muscu-laires qui peuvent avoir des effets positifs dans certains états de faiblesses (âge ou cancer) (4).

Analgésique

Plusieurs études menées sur les animaux ont démontré que *OS* avait un effet analgésique (5) (60). Une des études a mis en évidence l'effet analgésique de l'extrait alcoolisé de feuille d'*OS*. Il a été suggéré qu'*OS* pouvait avoir un effet analgésique central aussi bien que périphérique impliquant une interaction entre divers systèmes neuro-transmetteurs (60).

Anti-allergène

Il y a quatre principaux types d'allergies. Le plus courant – appelé hypersensibilité de type 1 – concerne l'asthme, le rhume des foins, les éruptions cutanées d'origine allergique et les allergies alimentaires. Il se caractérise par la production d'anti-corps IGE en réaction à un allergène. Ces anti-corps se combinent ensuite au mastocyte et déchargent de l'histamine et d'autres substances, ce qui provoque les symptômes allergiques (inflammation, démangeaisons, et constriction des voies respiratoires). Dans ces cas de figure, on retrouve souvent des taux élevés d'immunoglobuline E, d'éosinophiles et d'histamine. Il y a allergie de type 4, également appelée hypersensibilité retardée lorsqu'une inflammation cutanée locale se produit un ou deux jours plus tard à l'endroit ou le patient a été mis en contact avec un allergène. Il s'agit d'une réaction médiée par les lymphocytes T.

On a remarqué l'effet anti-allergique du tulasi dans le traitement de l'asthme. Il diminue les crachats, les bronchospasmes et la mortalité chez les asthmatiques, ainsi que le taux d'éosinophiles dans le sang (9). Le tulasi est également efficace dans le traitement de l'éosinophilie pulmonaire tropicale, maladie allergique qui se traduit par un taux très élevé d'éosinophiles associé à des bronchospasmes et à une respiration asthmatique (10).

Des études ont également démontré que *OS* exerçait un effet direct sur les mastocytes en les stabilisant ce qui réduit la décharge d'histamine. Des études menées sur des animaux ont mis en évidence que l'acide ursolique, un triterpène présent dans les feuilles d'*OS*, avait un effet protecteur sur la membrane des mastocytes. Ceci est dû à la prévention, à la dégranulation et à la diminution de la quantité d'histamine déchargée par le mélange allergène (11). Une autre étude menée sur des animaux a montré qu'une application locale d'extrait éthanolique (à 50%) de feuilles fraîches d'*OS*, d'huile volatile (tirée des feuilles fraîches) et d'huile fixe (tirée des graines) avait une action anti-inflammatoire qui inhibait l'inflammation induite par la carraghénane, la sérotonine, l'histamine et le PGE-2 (12).

Des études ont également montré que la prise d'*OS* diminuait la réaction allergique médiée par les lymphocytes T. *OS* à été administré pendant quatre semaines à un groupe de gens avant l'application d'un allergène sur la peau et on a remarqué que la réaction avait été sensiblement plus douce et l'inflammation réduite grâce à l'augmentation de l'immunité médiée par les cellules (13) (14) (15).

Anti-asthmatique

Il a été démontré qu'*OS* luttait contre l'asthme en réduisant la fréquence et la sévérité des crises ainsi que le taux de mortalité. De plus, *OS* augmente la capacité pulmonaire chez les asthmatiques (16). Le mécanisme responsable de ce phénomène est probablement complexe et implique des effets anti-allergiques, anti-inflammatoires, anti-oxydants et anxiolytiques. (Pour plus de renseignements, se reporter au paragraphe anti-allergie ci-dessus). L'action anti-asthmatique de certains composants d'*OS* – le myrcénol et le nérol – a également été mise en évidence (17).

Antibactérien

De nombreuses études in vivo et in vitro ont montré que l'huile essentielle d'*OS* avait une action antibactérienne contre les staphylocoques et autres bactéries (35) (3 p.39). Les feuilles et l'huile essentielle en fournissent la preuve et peuvent être appliquées localement sur des abcès et autres infections locales. L'extrait frais de feuilles d'*OS* s'est montré efficace pour soigner des infections orales à gram négatif et inhiber les cultures de plaques humaines (36). Une étude in vitro menée en 2005 a montré que des isolats cliniques de Neisseria gonorrhée et des souches de l'OMS réagissaient à des extraits d'*Ocimum Sanctum* (37).

Une étude complémentaire a montré que les extraits aqueux et alcooliques d'*OS* (60 mg) inhibaient les pathogènes entériques et le Candida albicans en laboratoire. L'extrait aqueux provoque des zones d'inhibition plus étendues que l'extrait alcoolique. Le même phénomène se reproduit avec klebisella, E. Coli, Proteus et Staphylococcus aureus. Au contraire, quand il s'agit du vibrio cholerae, c'est avec l'extrait alcoolique que les zones d'inhibition sont les plus étendues (38).

Anti-cancerigène

L'effet anticancérigène d'*OS* a été mis en évidence dans de nombreuses études menées sur les animaux en utilisant différentes parties de la plante. Il a été prouvé qu'*OS* pouvait prévenir le cancer, ralentir la progression de cancers déjà installés et accroître la longévité (68) (69). Ce sont très probablement ses puissantes propriétés antioxydantes, anti-inflammatoires et immuno-modulatoires qui sont à l'origine de ces effets.

Dans une étude menée sur les animaux, l'huile tirée des graines a réduit l'effet cancérigène d'une substance chimique connue pour être cancérigène. L'étude a suggéré que l'action chimiopréventive de cette huile pouvait en partie être attribuée à ses propriétés antioxydantes (68). Une autre étude menée sur les animaux a démontré qu'un traitement à l'extrait de feuilles d'*OS* stimulait considérablement l'action du cytochrome p-450, du cytochrome b5, d'aryl hydrocarbone hydroxylase, du glutathion S-transferase et du glutathion, qui jouent tous un rôle important dans la détoxification des cancérigènes et des mutagènes (31). Il a été démontré que l'extrait d'*OS* protégeait du cancer de la bouche induit chimiquement chez les animaux. C'est l'extrait aqueux qui avait l'effet le plus puissant (70). Dans une autre étude menée sur les animaux, l'administration d'extraits aqueux et éthanoliques d'*OS* induisait une réduction significative du volume des tumeurs et une augmentation de la durée de vie (69). L'acide ursolique que l'on trouve dans *OS* avait considérablement inhibé l'augmentation du volume des tumeurs (71). Au Japon, l'acide ursolique et l'acide oléanique ont été recommandés pour le traitement des cancers de la peau chez l'homme à la suite d'essais cliniques qui avaient mis en évidence une inhibition impressionnante du cancer de la peau chez l'animal (66).

Anticoagulant

Une étude a montré que l'huile non volatile d'*OS* augmentait le temps de coagulation. L'augmentation en pourcentage était comparable à celle provoquée par l'aspirine et pourrait être due à l'inhibition de l'agrégation plaquettaire (78).

Anti-dépresseur

En pratique clinique, il a été constaté qu'*OS* avait un effet anti-dépresseur qui est peut-être du à l'augmentation directe du taux de neurotransmetteurs de la sérotonine dans le cerveau (3 p. 30). Une étude a montré que l'extrait d'*OS* avait un effet comparable à celui de la disipramine, un médicament anti-dépresseur (63).

Anti-fertilité

Selon diverses études, *OS* provoquerait l'avortement et réduirait la fertilité des femmes (59). Dans des études effectuées sur les animaux, l'extrait d'*OS* diminuait la fertilité des femelles de 60 à 80 % (83) (84). Chez les mâles, l'étude a mis en évidence une diminution de la production, de la motilité et de la vélocité vers l'avant du sperme (85) (86). L'acide ursolique a des propriétés anti-oestrogènes et on pense que c'est ce composant qui est responsable de l'effet anti-fertilité (82) (86).

Anti fongique

Il a été démontré que l'huile essentielle d'*OS* avait un grand pouvoir anti-fongique (3 p. 42).

Anti-inflammatoire

L'extrait de feuille d'*OS* inhibe les inflammations aiguës et chroniques et agit également comme un analgésique et un antipyrétique (5). On a également découvert que l'huile non-volatile contenue dans les graines d'*OS* avait un fort pouvoir anti-inflammatoire. Ceci s'explique probablement par la présence dans cette huile d'acide linolénique et autres phytonutriments, tel l'acide ursolique, qui inhibent de façon significative le cyclo-oxy-génase-2 (Cox-2) (6). Plusieurs études ont montré qu'*OS* était efficace en cas d'arthrite (7) (8).

Antioxydant

Un corps en bonne santé maintient l'équilibre entre les mécanismes réducteurs et oxydants. Le stress oxydant survient dans le corps quand il y a une forte augmentation des substances réactives à l'oxygène telles que les radicaux libres et les péroxydes. Ces substances peuvent endomma-ger les composants de la cellule, y compris les protéines, les lipides et l'ADN et provoquer des maladies telles que l'artériosclérose, la démence, la maladie de Parkinson, le cancer, le vieillissement, l'apparition de la cataracte, la dégénérescence maculaire et les maladies auto-immunes. L'aug-mentation des substances oxydantes peut être due à une exposition à des produits chimiques (insec-ticides, pesticides, produits chimiques et drogues toxiques, acides gras trans, fumée et pollution), à des traumatismes, à des irradiations, à des radia-tions UV ou électromagnétiques, à des tempéra-tures extrêmes, à des infections et au stress.

Chez les sujets en bonne santé, un grand nombre d'enzymes antioxydants préviennent le stress oxydant et permettent d'éliminer les substances réactives et de réparer les cellules endommagées. Font partie de ces enzymes, la dismutase superoxyde (SOD), la catalase, la glutathion peroxydase, la sulfiredoxine, la glutathion S transférase, les aldéhydes et la déshydrogénase. Les antioxydants fournis par l'alimentation peuvent aider à garder cet équilibre. *OS* est un puissant antioxydant qui contient de multiples composés antioxydants, parmi lesquels, l'eugénol, l'acide rosmarinique, l'apigénine, l'acide ursolique, le cirsilinéol, la cirsimaritine, l'isothymusine, l'iso-thymonine, la vitamine C, la vitamine A et le sélénium (18). Parmi tous ses composés, on pense que c'est l'eugénol qui est l'antioxydant le plus puissant.

C'est une étude menée en 2006 sur les animaux qui a permis d'observer l'effet antioxydant de l'huile tirée des graines d'*OS*. On a observé une diminution de la péroxydation des lipides et une augmentation du taux de glutathion dans le sang après ingestion d'huile d'*OS* (19). Une autre étude a rapporté qu'*OS* pouvait éliminer de manière significative les radicaux libres hautement réactifs. Il a été découvert que chez l'homme ainsi que chez d'autres espèces animales, *OS* protégeait le foie contre les radicaux libres après exposition au tétrachloride de carbone, une substance hautement hépato-toxique (20) (21) (22) (23). D'autres études (24) ont confirmé qu'*OS* protégeait le foie contre les radicaux libres. En 1992, il a été montré qu'*OS* protégeait également les membranes lipidiques cardiaques. Avec des feuilles d'*OS* séchées à l'ombre puis réduites en poudre, ont été fabriquées deux sortes d'extrait, l'un à base d'eau et l'autre à base d'alcool. Ces préparations ont ensuite été fractionnées grâce à différents solvants. Ces deux extraits ainsi que leurs fractions agissaient in vitro sur la péroxydation des lipides à de très basses dilutions. In vivo, il y a eu inhibition de la péroxydation des lipides erythrocyte. L'extrait protégeait également les tissus du foie et de l'aorte des méfaits de la péroxydation (25).

Au cours d'une étude menée sur les animaux, il a été découvert que l'administration régulière d'*OS* par voie orale augmentait les antioxydants cardiaques endogènes et prévenait donc la nécrose du myocarde induite par les produits chimiques (26). Une autre étude menée sur les animaux a démontré qu'*OS* avait une action protectrice et augmentait le taux d'antioxydants dans le coeur, réduisant ainsi l'œdème du muscle du myocarde (27). Des études menées sur les animaux en 1996 et 1998 ont montré in vivo qu'*OS* apportait une protection contre les méfaits cytogénétiques induits par les radiations. On a alors pensé que c'était l'élimination des radicaux libres qui était probablement responsable de la protection fournie par *OS* (28) (29). En 2004, une étude menée sur les animaux a mis en évidence les effets antioxydants et neuro-protecteurs d'*OS* sur l'hypo perfusion temporaire ou à long terme du cerveau (30).

Des études plus approfondies suggèrent qu'*OS* protège contre le cancer peut-être en partie grâce à ses propriétés antioxydantes (31) (32). En 1998, Pandaand Kar a montré que l'extrait d'*OS* réduisait les marqueurs de stress oxydant et accroissait le taux d'enzymes antioxydantes, la superoxyde dismutase et la catalase. La feuille d'*OS* est connue pour son action prophylactique et sa capacité à inhiber l'évolution de la cataracte. On croit que la cataracte est due en majeure partie aux effets négatifs de l'oxydation par les radicaux libres; en conséquence, l'action anti cataracte d'*OS* est étroitement liée à son action antioxydante (33) (34).

Anti parasitaire et anti protozoaire

Les effets anti parasitaire et vermifuge très puissants (43) de l'huile essentielle d'*OS* et de l'eugénol ont été testés in vitro. Il a été découvert que l'extrait de feuille d'*OS* inhibait Serata Digitata, une variété de filaire qui attaque le bétail (44). Il a été démontré qu'*OS* avait un effet direct sur la prévention et le traitement de la malaria (45).

Antipyrétique

Il a été prouvé cliniquement qu'*OS* diminuait la fièvre (5).

Anti-stress

Il a été prouvé qu'*OS* avait un puissant effet anti-stress (61). L'équipe du Docteur Narendra Singh qui a mené des recherches approfondies sur ce sujet (3) a découvert divers processus responsables de ce phénomène: *OS* agit directement sur les glandes adrénalines et la synthèse de la cortisone, ce qui altère les taux des neurotransmetteurs dans le cerveau (augmentation de l'adrénaline, de la noradrénaline, de la dopamine et diminution de la sérotonine). De plus *OS* augmente la production de l'enzyme succinate dehydrogenase dans le cerveau, or cette enzyme joue un rôle important dans la décharge d'énergie en périodes de stress. Il a également découvert qu'*OS* avait une action calmante et réduisait l'agressivité des animaux. *OS* a augmenté la capacité du corps à utiliser l'oxygène, ce qui peut augmenter l'endurance et la capacité à faire face au stress.

Les résultats d'une autre étude suggèrent que ce sont les propriétés antioxydantes d'*OS* qui expliquent en partie son effet anti-stress. Des études plus approfondies confirment les effets anti-stress d'*OS*. Une des études suggère que l'extrait de méthanol obtenu à partir des racines d'*OS* a une action stimulante sur le système nerveux central et/ou un effet anti-stress (63). Des études ont montré que l'extrait de feuilles d'*OS* était efficace pour atténuer les changements induits par le stress chez l'animal (64) (65) (27). De plus, *OS* a eu un effet légèrement tranquillisant chez l'animal.

Anti-thyroïdisme

Dans une étude menée sur les animaux en 1998, il a été découvert que l'extrait de feuille d'*OS* diminuait le taux de T4 sans altérer le taux de T3/4 (81). Il se pourrait que cela soit d'une certaine utilité en cas d'"hyperactivité de la glande thyroïde.

Antitussif

Un produit anti-tussif est capable de diminuer la toux. L'extrait aqueux et l'extrait méthanolique d'*OS* se sont révélés anti-tussifs grâce à une action centrale et il est apparu que les deux sortes d'extraits avaient un effet médiateur à la fois sur le système opioïde et le système GABAergique.(37)

Anti Ulcère

Il a été découvert que l'huile fixe d'*OS* avait un bon effet anti-ulcère et anti-inflammatoire qui diminuait l'apparition des ulcères gastriques (55). De nombreuses études ont montré qu'*OS* prévenait l'ulcération peptique chez les animaux soumis à des stress chimiques ou physiques qui induisent normalement l'ulcération (3 p.30).

Une étude menée en 2001 a montré que grâce à son effet anti-oxydant qui inhibe la sécrétion d'acide et de pepsine et la peroxydation des lipides, *OS* avait une action à la fois préventive et curative sur les ulcères. *OS* renforçait également les défenses gastriques en augmentant la sécrétion de mucine et la longévité des cellules mucosales. Il ne provoquait pas la prolifération des cellules mucosales. D'autres études ont eu des résultats similaires (56) (57). Une étude clinique menée chez l'homme a montré qu'*OS* était utile pour la prévention et le traitement des ulcères gastriques liés au stress (58). Les propriétés bactéricides d'*OS* peuvent aider à éradiquer Helicobacter pylori, la bactérie dont on sait maintenant qu'elle est la cause principale de l'ulcération peptique.

Anti-viral

Des études ont montré l'efficacité du jus et de la poudre de feuilles d'*OS* dans la lutte contre les infections virales respectivement chez les végétaux et les poussins (3p. 39) (39). Le jus et la poudre se sont révélés efficaces dans le traitement de l'hépatite virale et de l'encéphalite virale japonaise Type B chez l'homme (40) (41). On a découvert que l'un des composants solubles dans l'eau d'une plante proche d'*OS* avait quelques effets anti-VIH. Il a été démontré qu'il augmentait le nombre total de lymphocytes T (globules blancs) et inhibait la transcriptase inverse du VIH-1 (42). Des recherches ont montré qu'*OS* induisait une meilleure réponse immunitaire cellulaire grâce à l'augmentation du nombre des globules blancs et à une réponse protectrice nette. Il s'agit proba-blement là de la principale explication de l'effet anti-viral d'*OS*.

Cardio-protecteur

Plusieurs études menées sur les animaux ont mon-tré qu'*OS* exerçait une action cardio-protectrice sur le coeur lorsqu'il est soumis à certains stress. Dans une étude menée en 2006, *OS* a eu pour effet d'augmenter la fonction ventriculaire et les taux endogènes d'antioxydants dans le myocarde et de supprimer le stress oxydant (26).

Une autre étude est venue confirmer l'augmentation des antioxydants (27). D'autres mécanismes – réduction du stress, propriétés adaptogènes en général, et anti-coagulant léger – pourraient également être à l'origine de son action cardio-protectrice.

Chimioprotecteur

De multiples études ont révélé l'effet chimioprotecteur d'*OS* en présence d'une série de produits chimiques nocifs affectant différents organes. *OS* avait considérablement limité les ravages du mercure, du tétrachloride de carbone, des médicaments anti-tuberculeux, du paracétamol (au niveau du foie) et de l'isoproterol (au niveau du coeur) (3 p.32,33) (26). Cet effet peut être imputé à divers mécanismes parmi lesquels son puissant effet antioxydant.

Amélioration des processus cognitifs

Une étude menée en 2008 a démontré que l'extrait d'*OS* améliorait la mémoire et les capacités d'apprentissage (67).

Action Hypoglycémique

De nombreuses études ont démontré qu'*OS* – aussi bien sous forme d'extrait, que sous forme de complément alimentaire – avait une action hypoglycémique sur le diabète (47) (48) (49) (50). Cet effet peut être imputé à la fois à une réduction de la résistance à l'insuline et à une augmentation de la sécrétion d'insuline (51) (52) (53). Les résultats d'un essai croisé randomisé évalué contre placébo sur les effets de l'extrait de feuille d'*OS* réalisé sur des patients atteints de diabète Type 2 ont montré une baisse significative du taux de glucose dans le sang à jeun (17,6%) et après les repas (7,3%). On a également observé une légère baisse du niveau total de cholestérol. Les résultats de cette étude suggèrent qu'on peut prescrire *OS* comme appoint dans le cadre d'une thérapie diététique et comme traitement médicamenteux en cas de diabète léger à modéré non insulino dépendant (52).

Dans une autre étude, on a donné pendant trois mois un mélange de feuilles d'*OS* et de quatre autres herbes ayurvédiques à 120 patients atteints de diabète de Type 2. Cette étude a livré des résultats impressionnants. L'administration de ce mélange a eu pour résultat une réduction à la fois du taux de sucre dans le sang à jeun, du ('mauvais') cholestérol LDL et de la résistance à l'insuline ainsi qu'une augmentation du bon cholestérol. Cette étude a démontré que ce mélange diminuait la résistance à l'insuline des patients (54).

Hypotenseur

Une étude menée sur l'animal a découvert que l'huile fixe d'*OS* avait un effet hypotenseur (baisse de la tension) qui semble être provoqué par son action vasodilatatoire périphérique (78).

Immuno-modulatoire

Le système immunitaire humain met en jeu l'interaction complexe de divers organes et systèmes, différents types de globules blancs, d'anticorps (également appelés immunoglobulines), d'hormones et de protéines actives qui entrent en jeu dans la cascade biochimique complexe du Complèment. L'immunité humorale fait référence à la sécrétion d'anticorps par les lymphocytes B. L'immunité cellulaire fait référence à l'immunité due aux lymphocytes T (lymphocytes T suppresseurs, lymphocytes T auxiliaires et lymphocytes T cytotoxiques) qui détruisent directement les cellules infectées par les virus.

OS exerce un effet modulatoire sur le système immunitaire puisqu'il le renforce et le stimule en

cas de besoin, par exemple en cas d'infection ou
de cancer. Mais il le diminue quand ce système
est suractivé, comme en cas d'allergies. Une étude
menée sur les animaux a mis en évidence l'effet
immuno-modulatoire de l'huile de graines d'*OS*
tant sur la réponse immunitaire humorale que sur
la réponse immunitaire cellulaire. Il a été postulé
que ces effets immuno-modulatoires étaient peut-
être médiés grâce aux voies GABAergiques. L'effet
immuno-dépresseur du stress s'est trouvé bloqué
quand on administrait de l'huile de feuille d'*OS*
aux animaux (75). D'autres expériences menées
sur les animaux confirment qu'*OS* a la capacité
d'accroître la réponse des anticorps et le nombre
de globules blancs (neutrophiles et lymphocytes)
quand le système immunitaire est sollicité (76)
(39) (3 p.35, 38).

Une étude menée sur les animaux pour
analyser les réactions aux produits chimiques
provoquant des tumeurs a montré que l'extrait
alcoolique d'*OS* réduisait le nombre des tumeurs
formées. Il y avait augmentation de l'infiltration
des polymorphonucléaires, des mononucléaires
et des lymphocytes et diminution de l'activité de
l'ornithine decarboxylase en même temps qu'un
renforcement de l'interleukin-1beta (1L-beta) et

du facteur alpha de nécrose tumorale (TNF-alpha) dans le sérum – ce qui sous-entend l'activité anti prolifération et immuno-modulatoire de l'extrait de feuille in vivo (77).

Insecticide et répulsif d'insectes

Il a été démontré qu'*OS* était un insecticide pour les moustiques, les tiques et leurs larves. *OS* a été baptisée 'plante à moustique', car ses propriétés anti moustiques ont été attestées (3 p.39). Une étude plus récente a prouvé qu'*OS* agissait également comme répulsif à abeilles (46).

Protection du foie

L'effet hépato-protecteur d'*OS* a été vérifié dans de nombreuses études menées tant sur les animaux que sur les hommes exposés à des toxines du foie (cf. le mode d'action chimioprotecteur) (3 p.32.33). On ne connait pas complètement ce mécanisme, mais il fait probablement appel aux puissantes propriétés anti oxydantes et anti inflammatoire d'*OS*. Deux études plus approfondies ont montré que l'acide oléanique et l'acide ursolique – deux composants présents dans *OS* étaient efficaces pour protéger les foies abimés par des produits chimiques. Le mécanisme hépato-protecteur de ces deux composants procède

peut-être de l'inhibition de l'activation intoxi-
cante et du renforcement du système de défense
du corps. L'acide oléanique a été utilisé en Chine
sous forme de médicament oral dans le domaine
des maladies du foie (71) (80).

Apport Nutritif

OS contient du calcium, du phosphore, du fer,
du zinc, de la vitamine A, de la vitamine C, du
sélénium, du manganèse, de la chlorophylle et des
photonutriments (3 p.53). *OS* favorise la digestion,
l'absorption et l'utilisation des nutriments appor-
tés par la nourriture et les herbes.

Radioprotecteur

Plusieurs études conduites sur les animaux ont
montré que l'extrait de feuilles d'*OS* était radioprotecteur et protégeait les cellules vivantes nor-
males contre les effets nocifs des rayons ionisants.
Ce phénomène était dû à sa capacité de destruction
des radicaux libres et à son pouvoir antioxydant.
(28) (72) (29) (73). Une de ces études a découvert
que les cellules tumorales n'étaient pas protégées
de ce mécanisme de dégradation, indiquant en
cela qu'*OS* n'était pas contre indiqué en cas de
chimiothérapie (72). Les effets radioprotecteurs
de deux flavonoïdes, l'orientine et la vicenine,

obtenus à partir des feuilles d'*OS* ont été étudiés chez l'animal; au vu des doses infimes nécessaires pour assurer la protection, on en a tiré la conclusion que cela augurait bien de leur effet protecteur contre les radiations chez l'homme.

Réduction des taux de cholestérol et de triglycérides

Les saponines d'*OS* se combinent avec le cholestérol et certains de ses précurseurs pour provoquer une légère réduction du cholestérol – du mauvais cholestérol LDL et des triglycérides – ainsi qu'un changement variable du taux de cholestérol protecteur HDL. Ceci a été confirmé tant par des études menées sur les êtres humains que sur les animaux (3 p.39).

Relaxation de la musculature lisse

Cette action a été mise en évidence dans les feuilles fraiches et dans les sommités fleuries. Il diminue le péristaltisme et réduit la durée du transit intestinal. Il calme également les bronchospasmes chez les asthmatiques (59).

Effets vasculaires

OS atténue également les effets oxidants nocifs sur l'endothelium (25). En théorie cela devrait ralentir la progression de la plaque athérosclérotique. Dans une étude de 2006, on a administré à des animaux diabétiques de la vitamine E et de l'*OS* seuls et conjointement. Au bout de 16 semaines, il s'est produit une baisse des taux de sucre dans le sang et du taux de lipides. Il s'est produit une amélioration de la rétinopathie diabétique qu'*OS* soit utilisé seul ou conjointement. Quand *OS* était utilisé en mélange, la rétine était redevenue normale, ce qui peut être du à un effet antioxidant (79).

Applications médicales potentielles

Étant donnée la gamme extraordinaire de ses diverses vertus, *OS* a tout le potentiel voulu pour aider dans de nombreuses affections très variées. Il n'est donc pas surprenant que son nom signifie 'L'Incomparable'. Peu d'autres remèdes médicinaux ou médicaux ont une telle palette d'applications cliniques ou de modes d'action. On peut généralement utiliser *OS* en toute sécurité et avec succès pendant un traitement allopathique pour accélérer la convalescence.

Voici ci-dessous la liste de quelques affections qui – étant donné les avancées des recherches en cours – pourraient bénéficier d'un traitement à l'*OS*. Il faut mener d'avantage d'études sur l'être humain pour valider ces recommandations.

Système cardio-vasculaire

On peut utiliser *OS* pour soigner l'hypertension (surtout si elle est liée au stress), la dyslipidémie (taux de cholestérol et triglycérides élevés), l'athérosclérose et l'ischémie cardiaque. En général *OS* est bénéfique en cas de mal fonctionnement cardiaque et pour protéger le cœur (contre le stress, les drogues cardiotoxiques, les produits chimiques et les radiations)

Système nerveux central

OS peut être utilisé en cas de stress, de dépression, de baisse de mémoire, de difficultés d'apprentissage, de démence, d'affections dégénératives – y compris le vieillissement, pendant la convalescence après un infarctus, comme protecteur en cas de pénurie d'oxygène, contre les produits chimiques nocifs, contre les drogues et la toxicité radioactive. On peut également s'en servir contre le mal de tête et comme analgésique commun.

Système endocrinien

OS peut soigner le diabète; il agit également contre le vieillissement tout en augmentant l'endurance et le bien-être.

Yeux

OS peut se montrer bénéfique contre la formation de la cataracte, la dégénérescence maculaire et la conjonctivite et peut soigner la rétinopathie diabétique.

Système gastro-intestinal

OS peut soigner les infections orales et parodontales et améliorer l'appétit et la digestion. Il lutte contre l'indigestion et le reflux gastro-oesophagien, les ulcères peptiques, les colopathies fonctionnelles, les nausées, les vomissements, les diarrhées et les infections intestinales. On peut également l'utiliser en cas d'hépatites infectieuses, pour améliorer le fonctionnement du foie, pour protéger le foie contre les produits chimiques et les médicaments toxiques et diminuer les effets radioactifs néfastes.

Système immunitaire

Il a été prouvé qu'*OS* avait une action favorable en cas d'infection. Ses propriétés anti-virales le rendent efficace pour soigner le rhume et la grippe, l'hépatite, l'encéphalite japonaise et le VIH. Il est également antibactérien, antifongique, antiprotozoaire (malaria) et antiparasitaire (par ex. anti filaire). Il peut être bénéfique pour soigner le cancer, les maladies auto-immunes et les allergies parmi lesquelles l'asthme.

Système musculo-squelettique

OS peut être bénéfique pour tous les types d'arthrite y compris l'ostéoarthrite, l'arthrite rhumatismale et tous les autres types d'arthrite inflammatoire. De plus, on peut l'utiliser en cas d'inflammations générales et de faiblesse musculaire car il augmente la masse et la force musculaires.

Système respiratoire

OS peut s'utiliser en cas d'infections virales et bactériennes (par ex: en cas de rhume et de grippe), de sinusite, de bronchite, d'allergies (rhinites, rhumes des foins, asthme, maladies pulmonaires et oesinophilies pulmonaires) et de cancer du poumon. On peut également l'utiliser pour contribuer à protéger les poumons des dangers radioactifs, des substances cancérigènes et toxiques en général.

Peau

OS favorise la guérison des blessures, c'est un antiseptique et un anti-infectieux (contre les infections bactériennes et fongiques). Il est également bon pour l'eczéma et le psoriasis. Il agit comme répulsif contre les insectes et pourrait avoir un rôle dans la prévention des cancers de la peau.

Général

OS peut être utile en cas de convalescence et de faiblesse générale, de fièvre et de syndrome de fatigue chronique. Il peut apporter un complément nutritionnel et une protection contre le stress e n général. (par ex. en cas de stress physique, de traumatisme, de températures extrêmes, de déséquilibres émotionnels, d'exposition au bruit, à des produits chimiques toxiques, à des substances cancérigènes ou radioactives, en cas d'exposition à des UV et à des radiations électromagnétiques).

Précautions et interactions

OS est considéré comme une herbe sans danger; on peut se le procurer sans restriction partout dans le monde. On ne lui connait pas de contrindications ni d'effets secondaires toxiques et il n'y a pas de rapports documentés sur des interactions avec des médicaments. *OS* peut agir en synergie avec des anticoagulants, des hypoglycémiants, des antidépresseurs et des médicaments anti-stress. Théoriquement il peut aggraver l'hypoglycémie, mais ce n'est pas vérifié. Si vous voulez concevoir un enfant, vous pouvez peut-être éviter d'en prendre à haute dose.

Chapitre 3

Traitements et remèdes traditionnels

Étant donné l'étendue de la gamme des vertus médicinales du Tulasi et la diversité des systèmes corporels qui peuvent en bénéficier, il est utilisé de multiples façons – sous forme de tisane, de teinture, d'huile essentielle, d'essence florale, de jus, de poudre et de pommade.

Tisane de Tulasi

La plupart du temps, c'est sous forme de tisanes aromatiques et calmantes que les gens apprécient les bienfaits du Tulasi. La tisane de Tulasi est savoureuse et relaxante tout en ayant un effet profondément régénérateur. C'est un moyen facile et efficace de profiter des propriétés thérapeutiques du tulasi.

La tisane de Tulasi inhibe les enzymes qui favorisent les inflammations et les douleurs arthritiques. Elle renforce également l'action de l'adrénaline en réduisant le taux de cortisol, ce qui diminue les effets négatifs du stress. La tisane de Tulasi est également excellente pour les désordres digestifs, la régulation de la tension et le développement de l'immunité.

Verser une tasse d'eau bouillante sur une cuiller à café de feuilles fraîches ou une demi-cuiller à café de feuilles séchées (un sachet) ou un tiers de cuiller à café de poudre. Couvrir et laisser infuser pendant au moins 20 minutes. Plus on laisse infuser, plus les feuilles livrent leurs propriétés médicinales.

La tisane de Tulasi peut être dégustée plusieurs fois par jour. Elle peut avantageusement remplacer le café ou le thé, car elle procure une énergie plus constante et équilibrée. Si vous la buvez le soir, elle dissipe les tensions de la journée en favorisant un sommeil plus profond et réparateur. Les enfants en raffolent avec du miel et les parents l'apprécient pour son action calmante sur les hyperactifs.

La tisane de Tulasi a été utilisée pendant des milliers d'années pour prévenir et minimiser les symptômes du rhume et de la grippe, pour entretenir la santé des voies respiratoires supérieures, réduire la fièvre et favoriser une bonne santé générale. Pour traiter le rhume, la grippe et autres affections plus graves, il est recommandé de forcer sur la quantité et la concentration. On peut en prendre trois à six fois par jour, jusqu'à l'amélioration de la santé et pour accélérer la guérison des rhumes et grippes. Additionnée de miel et de gingembre, la tisane de Tulasi calme les maux de gorge.

Teinture de Tulasi

On réalise la teinture de Tulasi en faisant macérer une forte concentration de tissu végétal dans de l'alcool ou de la glycérine qui extraient les principes actifs de la plante. Traditionnellement on réalise cette teinture en suivant le cycle lunaire. Il est reconnu depuis longtemps que les énergies lunaires renforcent les effets des plantes médicinales. Par ce procédé, on obtient une petite dose de remède à haute teneur en vertus thérapeutiques. Étant donné qu'elles n'utilisent que peu de tissu végétal, les teintures sont écologiques. Pour ceux qui ne peuvent pas cultiver assez de Tulasi pour faire de la tisane toute l'année, la teinture peut fournir une quantité suffisante de remède.

Même si la teinture agit sur le corps au niveau physique, mental et spirituel, c'est pour soigner les troubles physiques et stimuler le système immunitaire qu'elle est la plus efficace. La teinture est absorbée plus rapidement que les autres formes de remèdes internes car elle passe directement dans le sang au travers des muqueuses. Elle est souvent recommandée pour les maladies graves telles que le cancer. En outre, la teinture de Tulasi protège contre la toxicité du mercure.

La teinture de Tulasi est condensée et facile à utiliser, elle convient donc très bien pour les voyages ou pour les gens qui n'ont pas le temps de se faire de la tisane. Comme elle est extrêmement concentrée, on ne doit en prendre qu'un tout petit peu par jour. Mettez deux ou trois gouttes dans un verre d'eau ou directement sous la langue, deux ou trois fois par jour. En période de crise aigüe, on peut aller jusqu'à trois ou cinq prises par jour.

Huile essentielle de Tulasi

L'aromathérapie est l'une des plus anciennes formes de médecine naturelle. Elle utilise les huiles volatiles des plantes après distillation ou extraction pour obtenir une substance hautement concentrée. Depuis plus de 6000 ans, les huiles essentielles sont utilisées partout dans le monde pour guérir les maladies physiques et psychologiques. Les huiles essentielles sont un condensé de la force vitale de la plante.

Pour ce qui est de la préservation de l'environnement, il est important de comprendre la force
des huiles essentielles. Il faut de très grandes quantités de tissu végétal pour fabriquer ne serait-ce
qu'une goutte d'huile essentielle. Pensez-y quand
vous utilisez les huiles essentielles et faites le avec
prudence et modération. Étant donné que les
huiles essentielles sont une des sources majeures
d'antioxydants, elles protègent des méfaits des
radicaux libres. Elles contribuent à apporter
des nutriments au corps. Les huiles essentielles
oxygènent les tissus et les cellules, ce qui est très
précieux à notre époque où la planète souffre de
plus en plus de la pollution de l'air, des pesticides
et des produits chimiques qui engendrent une
diminution de la quantité d'oxygène dans le corps
humain.

Pour donner un aperçu de la puissance des
huiles essentielles, une goutte d'huile essentielle
procure autant de bienfaits que 30 tasses de tisane.
Étant donné leur concentration, l'inhalation
ou la diffusion des huiles essentielles sont des
moyens très puissants de les faire pénétrer dans
le corps. Quand on inhale des huiles essentielles,
elles passent directement au travers des barrières
cérébrales et sanguines pour atteindre le cerveau

limbique – c'est à dire le siège des émotions, de la mémoire et des fonctions régulatrices – ce qui provoque un changement immédiat dans tout le corps physique tout en en opérant une transformation profonde du mental et de l'esprit.

Les huiles essentielles peuvent s'utiliser sur la peau. Pour profiter de leurs bienfaits thérapeutiques, on peut les mélanger à de l'huile de massage, en mettre quelques gouttes dans l'eau du bain, en brûler dans un diffuseur ou tout simplement les inhaler. Un des moyens les plus rapides de faire pénétrer les huiles essentielles, c'est de masser les pieds ou la colonne vertébrale.

Comme avec les autres huiles essentielles, quand on en fait une application externe, le Tulasi pénètre par les pores de la peau avant d'être absorbé dans la circulation sanguine. Les organes qui sont à proximité en reçoivent les bénéfices au passage. A partir de là, le Tulasi atteint rapidement les zones qui ont le plus besoin d'être soignées. Quand vous appliquez les huiles directement sur la peau, rappelez-vous qu'il est préférable de les utiliser avec modération ou de les diluer dans une huile de base biologique – jojoba ou amande. L'huile essentielle de Tulasi est seulement à usage externe. Elle est si forte qu'elle risquerait d'abîmer la paroi de l'estomac.

L'huile essentielle de Tulasi agit au niveau de la santé à la fois physique et mentale. Elle donne un énorme coup de fouet au système immunitaire et favorise la guérison tout en ouvrant le cœur et en cultivant la dévotion.

L'huile de Tulasi de qualité thérapeutique a des propriétés antibactériennes, antifongiques et anti-virales. L'inhalation à la vapeur d'huile essentielle de Tulasi est tout particulièrement recommandée pour décongestionner les sinus, soigner les maux de tête et les infections. Le simple fait de respirer directement cette huile essentielle peut s'avérer être un bon remède pour ces affections.

L'huile essentielle de Tulasi peut aussi s'utiliser préventivement en cas de piqûres ou de morsures d'insectes. Pour obtenir un répulsif à insectes, appliquez sur la peau quelques gouttes d'huile essentielle de Tulasi mélangée à de l'huile essen-tielle d'eucalyptus et/ou de citronnelle. Certaines personnes ne supportent pas les huiles essentielles appliquées directement sur la peau. Dans ce cas, on peut la diluer dans de l'eau ou dans une huile de base. En cas de piqûres ou de morsures d'insectes, on peut également appliquer de l'huile essentielle de Tulasi sur la région affectée pour atténuer les démangeaisons et réduire le risque d'infection.

Essence florale de Tulasi

Les essences florales sont des solutions aqueuses qui contiennent les énergies essentielles des fleurs. Pour les préparer, il faut faire tremper les fleurs dans de l'eau purifiée et laisser la lumière du soleil, de la lune et/ou des étoiles vitaliser l'eau pour lui permettre d'absorber la signature énergétique de chaque fleur. Grâce à leur structure extrêmement sensible, les molécules d'eau peuvent emmagasiner ces énergies végétales. Les essences ainsi extraites sont conservées dans de l'alcool pour obtenir les essences mères qui sont ensuite diluées dans de l'eau et de l'alcool pour obtenir des flacons souches. Le contenu de ces flacons sera à nouveau dilué pour préparer les flacons doses. Tout comme pour l'homéopathie, c'est le processus de dilution qui fait la force de l'essence.

Cela fait des siècles que partout dans le monde les peuples indigènes utilisent les essences florales comme remèdes. Ces remèdes se sont popularisés récemment, en partie grâce aux travaux menés en Angleterre par le docteur Edward Bach. Cette méthode de guérison repose sur le principe sous-jacent que la maladie trouve son origine dans le mental et les émotions avant de se manifester dans le corps. Chercher à équilibrer les pensées et les sentiments retentit donc sur la guérison au niveau physique.

Selon Dr. Bach: « Les essences florales élèvent le niveau vibratoire de l'être. Leur action permet l'ouverture des canaux qui rendent réceptifs au Soi spirituel. Elles guérissent sans s'attaquer à la maladie. Elles inondent l'être de la qualité particulière requise pour le nettoyer de ce qui est néfaste. Elles élèvent notre nature même, tout comme la belle musique ou toutes ces choses merveilleuses qui nous inspirent et contribuent à l'élévation de l'âme. Elles proposent des schémas novateurs pour atteindre une harmonie qui nous rapproche de notre âme. De cette manière, elles nous apportent la paix et soulagent nos peines. Pour guérir, elles déversent dans le corps de belles vibrations, les plus élevées qui soient – qui, par leur présence, permettent à la maladie de fondre comme neige au soleil. »

L'essence florale de Tulasi a de nombreuses propriétés thérapeutiques. On l'utilise couramment pour soigner les peurs et le manque de foi. Elle est célèbre pour sa capacité à enlever maladie, tristesse et souffrance. Elle favorise dévotion, harmonie et confiance.

Mettez-en deux à trois gouttes dans de l'eau et buvez en deux à trois fois par jour. Comme les essences florales agissent à un niveau très subtil, il est préférable d'en prendre régulièrement pendant une durée minimum de plusieurs semaines. Les essences florales peuvent également être utilisées en usage externe – en brumisateur ou dans un bain – pour purifier le corps subtil.

Remèdes traditionnels: eau de Tulasi, jus, poudre et pommade

Pour ceux qui prennent du Tulasi de manière préventive, il suffit d'en manger une feuille par jour. Par contre, les malades en consomment souvent de plus grandes quantités.

Dans la société indienne traditionnelle, il était de coutume tôt chaque matin, de rendre hommage au Tulasi et de lui adresser des prières. Ce rituel spirituel se justifie également d'un point de vue médical. Il a été constaté que le Tulasi émet de l'ozone (O_3) aux premières heures de la matinée. Il a été démontré que le fait d'inhaler les vapeurs émises à ce moment était très bénéfique pour le système reproducteur féminin ainsi que pour le système immunitaire et la santé en général.

Les textes ayurvédiques de l'antiquité font état d'un grand nombre de remèdes faisant appel au Tulasi. Ses graines peuvent être utilisées pour soigner la dysurie (difficulté à l'évacuation de la vessie), les parasitoses, la débilité et la diarrhée. Le jus de Tulasi s'appelle *amapacana*, ce qui signifie 'ce qui détruit et digère *ama* – autrement dit les toxines'. La pommade de Tulasi en application locale est efficace contre les mycoses de la peau (herpès cyrciné). L'application locale de cataplasmes de pâte de Tulasi fabriquée à base de feuilles de Tulasi triturées arrête l'infection et accélère la guérison... Mâcher des feuilles de Tulasi soulage les ulcères, les infections buccales et les maladies gingivales. Il est notoire que le jus élaboré à partir de feuilles fraîches pressées venait à bout des otites les plus chroniques.

Du Tulasi en feuilles ou en poudre mélangé à du gingembre et du poivre noir et sucré avec du jaggery (sucre de canne brut) ou du miel est particulièrement efficace pour stimuler le système immunitaire et réduire les mucosités en cas de bronchites, d'asthme, de grippe, de toux et de rhume. Il s'agit d'un remède bien connu dans le sud de l'Inde. Beaucoup l'utilisent à l'ashram d'Amma.

Pendant la saison des pluies, les feuilles de Tulasi sont utilisées en prévention et comme remèdes contre la malaria et la dengue qui sévissent dans certaines régions d'Asie. Une décoction de feuilles de Tulasi mélangée à de la cardamome en poudre, à du jaggery et du lait de bonne qualité diminue la fièvre. Le jus de feuilles de Tulasi peut également s'utiliser dans ce cas.

Le Tulasi nourrit et renforce les reins. Prendre régulièrement du jus de feuilles de tulasi avec du miel peut aider à expulser les calculs rénaux par les voies urinaires.

Le Tulasi a une action bénéfique sur le taux de cholestérol et soigne les maladies cardiaques. De plus, il exerce une action positive sur la tension et son utilisation régulière peut aider à prévenir les infarctus. Il est possible de réaliser un tonique en mélangeant un gramme de feuilles séchées de Tulasi à une cuillerée de ghee et de miel.

Le Tulasi est un excellent remède contre les maux de tête. On peut le boire en décoction de feuilles dans de l'eau plusieurs fois jusqu'à la disparition des symptômes. On peut appliquer sur le front des feuilles pilées avec de la pâte de santal et du mouron des oiseaux pour obtenir un soulagement immédiat en cas de chaleur excessive ou de mal de tête.

Le Tulasi entre dans la composition de nombreux produits de soins corporels – baumes, lotions, huiles de massage, masques faciaux, crèmes, pommades etc. Le Tulasi est excellent pour la peau grâce à ses propriétés antibactériennes.

Chapitre 4

Botanique

Le nom scientifique du tulasi est *Ocimum sanctum L.* Par la suite, le tulasi a été rebaptisé *Ocimum tenuiflorum L.*, mais ce synonyme est rarement utilisé. Les deux variétés d'*Ocimum sanctum* sont couramment appelées tulasi krishna et tulasi rama. *Ocimum sanctum* est une plante indigène en Inde, en Afghanistan, au Pakistan et en Asie tropicale.

Le tulasi est une plante de la famille des *Lamiacées/Labiacées* et du genre *Ocimum*. Elle est apparentée à *Ocimum basilicum*, le basilic commun, plante culinaire bien connue. En France on donne couramment le nom de basilic sacré au tulasi. Dans ce livre il est question du tulasi *Ocimum sanctum*.

Il existe également d'autres plantes très voisines considérées comme des variétés de tulasi mais qui n'ont pas le même potentiel thérapeutique qu'*Ocimum sanctum*. Le tulasi vana (*Tulasi gratissimum*) en est un exemple. Le tulasi vana pousse à l'état sauvage dans de nombreuses régions d'Asie, d'Afrique du nord et d'Afrique orientale. Il est largement cultivé partout en Asie du sud-est.

Description

Le tulasi est un arbuste herbacé à port droit de 50cm à 1m50 de haut. Ses feuilles ovales et lancéo-lées (pointues au bout) atteignent 2 à 4 cm. Elles sont vert pâle à vert foncé, parfois pourpre violet selon les variétés. Le tulasi rama va du vert vif au vert foncé. Les variétés de tulasi krishna peuvent avoir des feuilles vert bordées de pourpre et des tiges violettes, parfois c'est la plante tout entière qui est violette. Quand on cultive du tulasi krishna et du tulasi rama côte à côte, il peut y avoir des croisements qui donneront par la suite un mélange des deux plantes dont la couleur dominante sera souvent le vert. Plus il y a de soleil, plus le violet devient prononcé. Toutes les inflorescences (tiges portant les fleurs) sont longues et fines avec de minuscules volutes (spires) de fleurs mauves.

Le tulasi vana a des feuilles brillantes vert pâle et des fleurs blanches. Les feuilles du tulasi rama et du tulasi krishna sont fortement aromatiques, leur odeur rappelle un peu celle du clou de girofle, par contre le tulasi vana a un parfum et un goût citronnés très particuliers. C'est pour cette raison qu'on l'utilise souvent en mélange avec le tulasi krishna et le tulasi rama pour faire des tisanes.

Composition

Le tulasi renferme une huile volatile complexe partiellement composée d'eugénol, le principe actif

dont on a découvert qu'il était en grande partie responsable des vertus thérapeutiques d'*ocimum sanctum* (59). Cette huile contient également

d'autres composants parmi lesquels: méthyle eugénol, caryophyllène, acide ursolique-tri terpène,
acide oléanique et acide rosmarinique. L'huile
fixe que l'on retrouve dans les graines d'*Ocimum
sanctum*, contient cinq acides gras (stéarique,
palmitique, oléique, linoléique et linolénique) qui

s'avèrent avoir des propriétés anti-inflammatoires
non négligeables (6).

Noms couramment donnés au Tulasi en diverses langues

Les noms d'*Ocimum sanctum* sont en caractères
gras; les autres noms font référence soit à *Ocimum*

sanctum, soit à des variétés proches appartenant au genre *Ocimum* (87)(88)(89).

Allemand: **Heiliges Basilikum**, Indisches Basilikum

Anglais: **Holy Basil, Sacred Basil**

Arabe: Dohsh, Schadjant, Vasub.

Assamais: **Tulasii**

Bengali: Kalatulsi, **Kalotulsi**, Kural, **Tulsi,** Tulshi

Birman: **Laun**, Pinsein-net, Kala-pinsein.

Chinois: **Sheng luó lè**

Espagnol: Sagrado Basilico

Finlandais: Pyhä basilika

Français: Basilic Sacré

Gujarati: **Tulsi, Talasi**

Hindi: **Tulsi**, Baranda, Kalatulsi, **Krishnatulsi,** Varanda, Jangalii tulasii

Hollandais: **Heilig Basilicum**

Indonésien: **Lampes, Ruku-Ruku**

Italien: Basilico Sacro

Japonais: **Kami mebouki.**

Kanarese: Kalatulsi, Karitulasi, Sritulasi, Tulasi

Kannada: Kalatulsi, Karitulasi, **Shri Tulasi, Tulasi, Vishnu Tulasi**

Khmer: **Mrea preu**

Laotien: **Saphaa**, Sa phao lom deng, Sa phao lom khao, Phak i tou thai

Lithuanien: **Siauralapis bazilikas**

Malais: Kemangi, Selasih merah, Selasih Siam, **Oku, Ruku-ruku, Sulasi**

Malayalam: **Tulasi, Krishnatulasi,** Kunnakam, Punya, **Shivatulasi, Shri Tulasi, Trittavu, Pachchatulasi**

Marathi: **Tulasa**

Népalais: Krishna, Tulsii Maa, **Tulasii Patra.**

Oriya: Dhalatulasi

Punjabi: **Tulsi**

Sanskrit: Ajaka, Arjaka, Brinda (Vrinda), Gauri, Gramya, Haripriya, Krishnamula, **Krishna Tulasi,** Lakshmi, Madhavi, Manjari, Madurutala, Mudura tulla, Parnasa, Patrapuspha, Sri Tulasi, Suvasa, **Tulasi, Tulasii,**Vaishnavi, Vishnupriya.

Singhalais: **Madurutala,** Madura tulla

Tagalog: **Loko-loko.**

Tamoul: Alungai, Karut Tulasi, Kullai, Nalla Thulasi, **Tiruttizhai, Tiruttilai, Tulasi**

Telugu: Tulsichettu, **Tulasi, Krishnatulasi,** Brynda, gaggera: **Oddhi**

Thai: **Kapao,** Kaprao, Kom Ko Dong

Urdu: **Janglitulsi,** Kali Tulsi, **Tulsi**

Vietnamien: E rung, **Nhu tía, É do**

Chapitre 5

La culture du Tulasi dans le monde

Distribution de Tulasi par Greenfriends

Greenfriends, la branche écologique des œuvres d'Amma, souligne qu'il est nécessaire d'aimer et de respecter Mère Nature tout en étant conscient que nous devons la protéger. Greenfriends cherche à faire renaître les anciennes traditions qui révèrent Mère Nature. Pour prendre conscience du caractère divin de la nature, Greenfriends recommande tout particulièrement de rendre quotidiennement hommage au Tulasi. Pour favoriser cette pratique et promouvoir les nombreuses vertus thérapeutiques du Tulasi, les groupes Greenfriends cultivent du Tulasi en Amérique du Nord, en Europe, au Japon et en Australie. Partout dans le monde, des gens apprennent à cultiver le Tulasi sous des latitudes inhabituelles. Nous vous livrons leurs expériences dans ce chapitre. Amma a également donné des conseils spécifiques pour la culture du Tulasi.

Quand Greenfriends s'est mis à distribuer des graines de Tulasi à travers le monde, quelques jardiniers pleins d'amour ont apporté leurs jeunes plants à Amma, notamment pendant le premier programme du tour d'Amérique du Nord. C'est à Seattle, dans l'état de Washington, une ville pourtant réputée pour son climat froid et brumeux que les amis de Greenfriends ont eu l'occasion de recevoir leur premier lot de plants de Tulasi. Malheureusement, il est rapidement devenu évident qu'il serait difficile de cultiver du Tulasi dans les régions tempérées. Plein de compassion, le candidat à l'adoption d'un plant particulièrement chétif a décidé d'aller le présenter à Amma. Voyant ce pauvre petit plant en si piteux état, Amma a remarqué avec beaucoup de sollicitude qu'il était primordial de donner à chacun des instructions précises sur la façon de cultiver ces plantes. Elle a indiqué que le Tulasi Rama serait peut-être un peu mieux adapté aux pays froids étant donné la préférence du Tulasi Krishna pour une exposition plus ensoleillée. Elle a également suggéré que dans les pays froids, le Tulasi soit cultivé à l'intérieur près d'une fenêtre exposée au soleil dans une pièce un peu humide.

En dépit des difficultés, Amma s'est montrée très enthousiaste et a poussé les membres de Greenfriends à continuer de cultiver du Tulasi partout dans le monde. Nous avons senti que l'amour et les soins exceptionnels qu'il faut prodiguer à ces plantes peuvent également contribuer à la croissance des jardiniers eux-mêmes.

Nous avons acquis en chemin de plus en plus de connaissances en matière de culture du Tulasi. Au fil des ans, des gens nous ont raconté des histoires toutes plus incroyables les unes que les autres. Certains ont vu leur Tulasi grandir démesurément, même dans des régions extrêmement froides. Ainsi, cette habitante des neiges du Wisconsin, dont le Tulasi bien-aimé a prospéré pendant des années au coin d'une fenêtre ensoleillée. D'autres ont eu du mal dès le début, ne serait ce que pour faire germer les graines, dans des endroits pourtant aussi ensoleillés que Los Angeles. Le Tulasi est considéré comme une plante persistante dans les régions tropicales et peut vivre jusqu'à 5 ans dans des régions climatiques moins favorables. En zone tempérée, le Tulasi serait plutôt considéré comme une plante saisonnière ou annuelle. Cependant, avec l'aide d'un peu de grâce et de soins éclairés, certaines personnes arrivent à conserver leur Tulasi pendant plusieurs années.

Un membre de Greenfriends a mis au point une méthode originale de culture du Tulasi. Il amène tous les ans des centaines de plants pleins de vitalité au programme d'Amma de Michigan. Bien qu'elles soient dans des petits pots, ces plantes ont atteint l'âge adulte et ont une forme bien à elles un peu à la manière des bonzaïs japonais. Nombre des astuces de ce jardinier sont exposées dans ce chapitre. Amma était ravie que cet homme ait pu faire pousser des plantes si belles et si robustes, surtout dans le Michigan et qui plus est, en hiver. En voyant la force des racines de ces plantes, Amma lui a suggéré de faire part de ses méthodes à tous ceux qui veulent faire pousser du Tulasi en région tempérée. L'année suivante, quand il est revenu avec un nouveau lot de plants, Amma a révélé que si ses plantes poussaient si bien, c'était grâce à l'amour et la dévotion qu'il mettait à les soigner. Cela donne une idée du pouvoir de l'amour, car la plupart des gens trouvent que c'est très difficile de faire pousser du Tulasi dans des régions où il fait froid et où il neige.

Il ne fait aucun doute que le Tulasi, à l'instar de toutes les autres plantes, réagit profondément à l'amour. Mais malgré tout leur amour, les novices voient bien des plants mourir en cours de route. Si le Tulasi ne survit pas, ce n'est pas forcément faute d'efforts ni d'amour. Lorsqu'une plante retourne à la terre, elle favorise un nouveau commencement, il y a beaucoup de nouvelles graines qui attendent l'occasion de s'éveiller et de pousser.

Amma a déclaré qu'il était merveilleux de voir tant de gens prendre soin des jeunes plants de Tulasi dont ils venaient de faire l'acquisition. Plus d'une fois, Amma a dit que l'amour de la Nature s'éveille dans le cœur des gens qui ramènent ces plantes sacrées chez eux et les entourent de soins. Ainsi donc, l'un des objectifs de la distribution des graines de Tulasi s'est avéré être le renouveau du respect pour Mère Nature.

Comment cultiver du Tulasi

Préparatifs: matériaux nécessaires pour les jeunes plants

Si vous pouvez acheter quelques accessoires bon marché, cela vous facilitera la tâche, surtout si vous habitez en région froide. Il y a cependant de nombreuses alternatives si vous voulez éviter d'acheter du matériel neuf. La terre peut se préparer à la maison, vous pouvez vous procurer de vieux plateaux, pots et autres containers recyclables. Vous trouverez ci-dessous une liste de base et tout le chapitre regorge d'astuces concrètes.

• Un mélange de terre pour jeunes plants à acheter ou à réaliser chez soi. (voir la recette dans le paragraphe sur la terre et les éléments nutritifs)

• Un plateau alvéolé pour les jeunes pousses, des godets en tourbe ou tous autres récipients individuels de petite taille. (les godets en tourbe peuvent se repiquer tels quels dans des conteneurs plus grands sans déranger les bébés. Si vous souhaitez utiliser du matériel de récupération, lavez de vieux gobelets en plastique dont vous percerez le fond. (Quel que soit votre choix, il faut des récipients d'au moins 7 à 8 cm de profondeur).

• Un dôme ou couvercle transparent en plastique ou en verre de la bonne taille pour couvrir vos plateaux ou pots.

• Si vous habitez une région peu ensoleillée, procurez vous au moins deux tubes fluorescents à spectre complet (demandez une fixation d'éclairage pour magasin).

• Pour les régions où la température n'est pas assez élevée pour permettre la germination des graines, il est possible d'utiliser un matelas chauffant.

Matériel nécessaire par la suite au fur et à mesure de la croissance des plants

• Du terreau de rempotage biologique (celui qu'on achète est plus facile à utiliser et garantit un mélange équilibré d'éléments nutritifs. Si vous avez déjà un jardin ou que vous voulez réaliser votre propre mélange, voir le paragraphe 'Terre et Éléments Nutritifs').

• Un engrais biologique genre compost, déjections de lombric, purin de déjections de lombric ou un engrais biologique spécial croissance acheté en jardinerie.

• Des pots pour repiquer vos plants au fur et à mesure de leur croissance.

• De la lumière (pour plus d'informations, voir le paragraphe 'Lumière Solaire ou Électrique').

• De l'eau (filtrée de préférence)

• De l'amour!

Rituel d'invocation

Il est toujours bon de démarrer par un petit rituel ou une prière pour la bonne croissance des graines. Vous pouvez utiliser le rituel pratiqué à l'ashram ou inventer le vôtre.

Voici ce qui se fait à l'ashram. Imaginez que vous plantez des graines de dévotion dans le terreau de votre cœur, que vous les soignez en conscience et avec amour chaque jour. Posez les mains sur le sol après le semis. Fermez les yeux et chantez la syllabe sacrée *AUM.* Dans l'hindouisme (*Sanatana Dharma*), *AUM* représente la vibration sonore primordiale de la création. En chantant, visualisez que la vibration *AUM* éveille l'énergie de la force vitale contenue dans les graines. Avec le second *AUM*, imaginez que la graine se met à germer et à croître. Avec le troisième *AUM*, vous pouvez visualiser la plante luxuriante et vibrante une fois sa croissance terminée!

Vous pouvez aussi réciter les *mantras* (prières traditionnelles) pour la paix, les mantras du Tulasi, ou toute autre prière ou chant personnels.

Sentez-vous libre d'adapter le rituel selon votre inspiration. La pratique de ce rituel en groupe génère un sentiment palpable d'harmonie. C'est aussi quelque chose d'amusant à faire avec les enfants. Cela peut être une bonne source d'inspiration pour eux qui utilisent volontiers le pouvoir de l'imagination. Après avoir repiqué le Tulasi, on peut également réciter le *AUM* rituel en plaçant les mains en rond au pied de la plante; en effet les vibrations apaisantes atténuent le choc de la transplantation.

Planter avec la lune

Les cultures de l'antiquité utilisaient l'influence des phases lunaires sur la croissance des plantes. Tout comme la lune agit sur les marées de l'océan, elle exerce également une influence sur les autres corps subtils de l'eau, ce qui attire l'eau vers la surface de la terre et favorise la pousse. Ces mêmes forces augmentent le taux d'humidité du sol au moment de la nouvelle lune et de la pleine lune. Ce surcroît d'humidité favorise la germination et l'éclosion des graines. C'est au cours des deux semaines qui suivent la pleine lune, quand la lune décroit, qu'il est préférable de récolter, repiquer et tailler. A la nouvelle lune et pendant toute la période qui mène à la pleine lune, c'est le moment idéal pour semer les graines.

La terre et les éléments nutritifs

Donnez au Tulasi une terre légère, riche et bien drainée. Il est préférable d'acheter un mélange de terreau biologique spécial plants et du terreau de rempotage biologique chez votre pépiniériste local. Il est important de choisir un terreau biologique : cela contribue à maintenir le Tulasi en bonne santé, renforce la pureté et les vertus thérapeutiques de ses feuilles et participe à l'harmonie de Mère Nature. Les mélanges non biologiques renferment des engrais chimiques toxiques qui contaminent les plantes et polluent l'environnement. Prenez le temps de lire attentivement les étiquettes et méfiez vous de celles qui font état d'engrais chimiques.

Si les feuilles du Tulasi se mettent à jaunir et à tomber, c'est peut-être signe que votre plante ne trouve pas assez d'azote dans la terre. L'azote est un élément nutritif clé, essentiel à la croissance et à la santé des végétaux. Une fois par mois, donnez à votre Tulasi un peu de compost fait maison, déjections de vers de terre ou fumier de vache vieux, bien composté ou alors, séché. Vous pouvez aussi procéder autrement; fabriquez un engrais en diluant une mesure de fumier de vache ou de compost dans trois mesures d'eau. Arrosez-en le Tulasi tous les quinze jours. Saupoudrez un peu de cendres de bois sur les feuilles et autour du pied de la plante pour apporter de la potasse. Votre Tulasi sera en bonne santé et restera bien vert. En général, le Tulasi sera plus gourmand en nutriments pendant la belle saison quand il est en période de croissance que pendant la saison froide.

Évitez les apports excessifs d'engrais, car la surabondance d'azote ou d'autres éléments nutritifs pourraient 'brûler' la plante et faire apparaître des tâches noires sur les feuilles. Cela risquerait même de les faire mourir et se dessécher, même si l'arrosage est suffisant. Dans ce cas, délogez les éléments nutritifs qui auraient pu s'accumuler en plaçant le pot sous l'eau courante pour lessiver la terre, en laissant l'eau s'écouler par le fond.

Si vous préférez réaliser votre propre terreau de rempotage ou votre propre mélange pour semis, essayez les recettes qui suivent.

Mélange pour rempotage

- Une dose de compost biologique, bien décomposé et tamisé.
- Une dose de gros sable de rivière non salé (pour bien drainer).
- Deux doses de bonne terre de jardin (choisissez de la terre noire avec un peu d'humus; pressez-la entre les doigts, elle devrait faire une boule et rester agglomérée un certain temps).
- Un petit peu de mousse de tourbe, de vermiculite ou de perlite (optionnel).

Mélange pour semis :

- Une dose de compost bien tamisé.

- Une dose de terre de rempotage ou de bonne terre de jardin.
- Deux doses de gros sable de rivière.
- Un peu de mousse de tourbe, de vermiculite ou de perlite (optionnel).
- La terre qui sert aux semis doit être fine, légère et permettre un très bon drainage.

Semis des graines

Les graines de Tulasi sont si minuscules que leur manipulation requiert beaucoup d'attention et de délicatesse. Utilisez un mélange spécial semis biologique du commerce ou préparez votre propre mélange chez vous en suivant les proportions indiquées dans le paragraphe précédent.

Remplissez les plateaux de semis, les pots en tourbe ou les récipients individuels de mélange de terreau pour semis. Placez le plateau ou les pots sur un autre plateau plus grand rempli d'eau et laissez le terreau absorber l'eau par le dessous pendant au moins plusieurs heures avant d'effectuer le semis. Si vous arrosez par le dessus, vous risquez de compacter la terre et de déplacer les toutes petites graines. Enfoncez doucement les graines dans la terre. Si vous n'arrivez pas à vous procurer de plateau alvéolé, semez les graines tous les deux centimètres et demi et laissez cinq centimètres entre les rangs. Si vous utilisez des pots individuels, semez une ou deux graines par pot. Si les deux graines germent, il faudra par la suite ne garder qu'un plant par pot.

Il y a deux bonnes façons de semer. Essayez-en une seule ou les deux, à votre guise.

<u>Première méthode</u>: Placez les graines à la surface de la terre et enfoncez les légèrement (pour éviter qu'elles ne se dessèchent) sans les recouvrir.

<u>Deuxième méthode</u>: Tamisez un peu de terre sur les graines (Servez-vous d'un ustensile genre tamis à farine ou sucre en poudre) pour recouvrir les graines d'une fine couche de terre bien légère. Veillez à ce que la terre du dessus ne dépasse pas en épaisseur le diamètre minuscule des graines. Il arrive souvent que la germination des graines de Tulasi soit plus longue ou même échoue si on les enfonce trop profondément.

Utilisez un vaporisateur ou un brumisateur car leurs fines gouttelettes ne déterreront pas les graines et ne dérangeront pas les plantes qui viennent de naître.

Pour parfaire le tout, placez un dôme en plastique transparent sur le plateau ou les pots. En général, on trouve des bacs à semis avec leur dôme dans les jardineries d'intérieur. Si vous ne pouvez pas vous en procurer, prenez un morceau de plastique transparent, un sac en plastique transparent ou une plaque de verre transparent pour créer l'atmosphère humide et chaude dans laquelle les graines adorent germer. Laissez un peu d'espace pour que l'air puisse circuler (utilisez des petits cailloux, des bâtons ou autres accessoires) et veillez à ce que la température ne monte pas trop sous le plastique ou le verre. Il faudra aérer en fonction de la chaleur ambiante.

Placez vos semis dans un endroit très chaud et bien ensoleillé. Théoriquement, il faut une température constante d'au moins 80° Fahrenheit ou 26° Celsius. S'il fait plus froid, il vous faudra peut-être un matelas chauffant de germination (disponible en jardinerie) ou une lampe à spectre complet (voir le paragraphe 'Lumière Solaire et Électrique') pour aider vos petites graines à germer. Si la température varie ou s'il ne fait pas assez chaud, vos graines seront plus longues à germer. Les graines de Tulasi ne germeront pas du tout si la température est constamment trop basse. Si vous tenez à faire preuve de créativité, vous pouvez mettre une couche de fumier de cheval frais de 5 cm d'épaisseur sous les bacs pour procurer une chaleur de fond. Le fumier de cheval est considéré comme un fumier 'chaud' car il dégage de la chaleur en se décomposant.

Normalement il faut entre 5 et 7 jours pour que le Tulasi germe, mais cela peut prendre jusqu'à 5 semaines et même plus en fonction, entre autres facteurs, de la température. Certaines graines germeront plus vite que d'autres. La plupart du temps, l'apparition des jeunes pousses s'étalera sur une période de quelques semaines. Les bébés

plants naissent avec deux minuscules feuilles bien brillantes légèrement arrondies au bout et presque carrées à la base. Ce sont ce que l'on appelle les cotylédons, c'est-à-dire les feuilles qui sont nourries par la graine. Au fur et à mesure de leur développement, une racine unique s'enfonce dans le sol, nourrie elle aussi par l'énergie contenue dans la graine. Au bout de quelques jours, quand les minuscules racines sont devenues assez fortes, une nouvelle paire de feuilles apparaît. Ce sont les premières vraies feuilles, celles-ci sont nourries par les racines qui commencent à se développer et par le soleil.

Si vous utilisez un dôme en plastique, laissez-le en place jusqu'à ce que les jeunes pousses atteignent le plastique. S'il fait encore trop froid à ce stade, essayez de faire une mini serre avec un châssis et du plastic transparent. Le terreau doit rester légèrement humide sans jamais devenir mouillé ou détrempé. Veillez constamment à ce qu'il soit bien drainé, car un excès d'humidité peut occasionner la 'fonte' des semis sous l'effet d'un champignon qui fait pourrir la base de la tige.

Si les jeunes plantes poussent toutes ensemble dans un bac, attendez l'apparition de la troisième paire de feuilles avant de les repiquer. Si vous avez utilisé des pots individuels, n'y touchez pas, attendez que leurs racines soient bien développées et traversent le fond du pot pour les repiquer. Si vous avez choisi des godets en tourbe, vous n'avez qu'à mettre le godet tel quel dans un pot plus grand rempli de terre humide.

Le repiquage des plants de Tulasi

Si vous avez démarré vos plants dans un bac alvéolé, il faudra repiquer les bébés plants avec grand soin dans des petits pots individuels. A chaque repiquage, n'oubliez jamais que le Tulasi ne doit même pas se rendre compte qu'on Le transplante.

Imaginez que vous soulevez un enfant endormi sur le divan, pour le porter dans son lit, enveloppé dans sa petite couverture de bébé. Si la couverture glisse, l'enfant risque de se réveiller. C'est la même chose avec le bébé Tulasi, la terre d'origine ne doit pas quitter les racines. Prenez une cuiller pour prendre le plus de terre possible avec les racines, sans pour autant déranger les bébés voisins. Évitez de faire tomber la terre pour ne pas exposer les jeunes racines si fragiles à l'air et à la lumière. Du bout du doigt, faites un petit trou dans sa nouvelle maison. Il faut que le trou soit juste assez profond pour accueillir les racines du bébé Tulasi avec leur petite motte de terre. Veillez à ce que la terre arrive juste au niveau où la tige était enterrée dans le bac à semis. La plante peut souffrir si vous la plantez trop en surface ou trop profond. Si besoin est, rectifiez la taille du trou avant de déposer le bébé Tulasi dans son nouveau berceau. Essayez de ne pas Le déranger, évitez de maltraiter Ses racines délicates. Ne forcez pas pour Le faire rentrer dans un trou trop étroit. Ne Le lâchez pas non plus dans un trou trop grand. Donnez lui un peu à boire avant de Le déplacer et aussi après. Si possible, laissez les bébés fraîchement repiqués à l'ombre pendant toute une journée.

Si les bébés Tulasi sont très serrés dans le bac à semis, essayez avec beaucoup de soin et le plus doucement possible de séparer les racines. Maintenez la base de la tige des bébés tout en tirant douce-ment dans un sens puis dans l'autre pour démêler leurs racines. Faites de votre mieux pour ne pas déranger la terre. Si les racines sont très emmêlées, séparez-les avec de l'eau à température ambiante et repiquez immédiatement. Avant de repiquer les semis des bacs alvéolés ou pots individuels, assurez-vous que les racines ont pris tout l'espace dans l'alvéole et qu'elles débordent même un peu au fond. Arrosez copieusement avant de tirer doucement à la base de la tige pour dégager les plants. Vous pouvez glisser un petit couteau à beurre sur les parois du récipient pour vous aider à soulever le bébé en douceur. S'il ne vient pas, cessez de tirer, remettez un peu d'eau et refaites un essai.

Le rempotage dans des pots plus grands

Au fur et à mesure que le Tulasi grandit, il va progressivement avoir besoin de plus d'espace. Vous saurez qu'il est temps de Le rempoter quand vous verrez que ses racines commencent à faire un écheveau assez épais qui dépasse du fond du pot. Pour le rempotage, il est préférable de choisir un autre pot qui ait environ 2,5 cm de diamètre de plus que l'ancien. Il ne faut jamais rempoter le Tulasi dans un pot beaucoup plus grand que celui qu'Il vient de quitter. Le surplus de terre contenu dans le nouveau pot pourrait contenir plus d'humidité que la plante ne peut en consommer et cela pourrait être nuisible à ses racines.

Mettez quelques cailloux au fond du pot pour éviter de boucher les trous d'évacuation avec la terre. Remplissez partiellement le nouveau pot avec de la terre de rempotage. Rappelez-vous que dans le nouveau pot, la terre doit arriver au même niveau que dans l'ancien. Si la terre monte trop haut, cela risque de faire pourrir la tige du Tulasi; si le niveau est trop bas, les racines risquent de ne pas être recouvertes. Arrosez copieusement la terre du nouveau pot ainsi que le plant de Tulasi. Glissez éventuellement une lame de couteau le long des parois du pot d'origine pour décoller la terre.

Toujours en gardant la main au pied de la tige, renversez le pot et tapotez-en doucement le fond. La terre devrait glisser sans trop de mal. Si vous rencontrez des difficultés, ne sortez pas la plante de force, au contraire, arrosez à nouveau pour ameublir la terre. Vous aurez peut-être également du mal à faire glisser le Tulasi si ses racines n'ont pas investi tout le pot.

Après avoir arrosé le Tulasi, aidez-Le à s'installer dans sa nouvelle maison en le gardant à l'ombre pendant toute une journée. Dans les régions où il fait très chaud, il est préférable de transplanter le Tulasi en fin d'après-midi, car la fraîcheur du soir lui permettra de s'habituer. Avec le temps, votre Tulasi va devenir de plus en plus grand et lourd et il arrivera peut-être un moment où vous aurez besoin d'un ami pour vous aider à le rempoter.

Tailler et pincer le tulasi pour lui assurer la meilleure santé possible

Le Tulasi a un point de croissance actif au sommet de sa tige, ce qui fait qu'Il pousse en hauteur jusqu'à ce qu'un bourgeon floral se développe à ce niveau. Si vous laissez le Tulasi pousser trop longtemps sans pincer le sommet de Sa tige, Il peut filer en hauteur et pencher de la tête. Quand votre jeune Tulasi atteint environ 20 à 25 cm de haut,

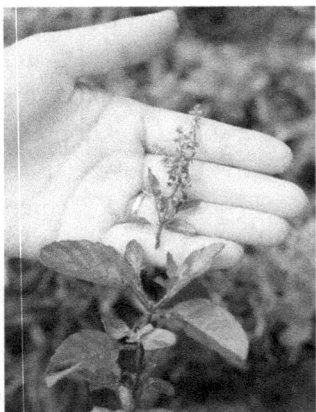

pincez doucement les feuilles du haut pour les retirer. A partir de ce point, le Tulasi lancera deux nouvelles tiges, là où il n'y en avait qu'une. Quand chacune de ces nouvelles tiges aura trois ou quatre bouquets de feuilles ou quand elles auront chacune leurs premières fleurs en bourgeon, pincez les doucement au bout. Cela les incitera à former deux nouvelles pousses sur chaque tige. Quand on favorise ainsi la formation de nouvelles tiges, le Tulasi s'épanouit pleinement et sainement. Le pinçage des sommités du Tulasi renforce Sa tige principale, augmente son diamètre et renforce la plante à la base en canalisant l'énergie vers les racines.

Les grandes feuilles, c'est-dire les plus anciennes, font moins de photosynthèse et la plante finit par les faire tomber. Il faut les cueillir au moment où elles commencent à se flétrir. En les pinçant, vous canaliserez l'énergie vers les minuscules feuilles neuves qui apparaissent au sommet de la tige et vers les grandes feuilles. Ce faisant, vous stimulerez une nouvelle poussée de croissance. Pour retirer les grandes feuilles, cueillez doucement la feuille à sa base, là où elle s'arrondit, pour ne pas toucher au minuscule pétiole qui attache la feuille à la tige.

Il s'avèrera peut-être nécessaire de tuteurer votre Tulasi à l'aide d'une fine baguette pour éviter qu'il ne penche. Cela L'aidera à pousser droit jusqu'à ce que sa tige devienne assez grosse et ligneuse. Essayez de limiter la cueillette à quelques feuilles par plante et par jour. Vous pouvez manger les feuilles. Attention, ne cueillez jamais trop de feuilles si votre Tulasi est trop jeune, petit ou fragile.

Un jour, deux filles ont apporté à Amma un beau gros pied de Tulasi tout en fleurs et lui ont demandé des conseils. Amma leur a demandé de retirer les fleurs avec les doigts, car le Tulasi aurait peur des instruments tranchants. Dans ce cas, il est recommandé d'avoir de bons ongles. Cela n'arrive pas souvent, mais parfois il est nécessaire d'enlever une partie plus épaisse de la plante; dans ce cas, utilisez plutôt un instrument coupant.

La récolte des fleurs et des graines

Il est important de retirer les boutons floraux
dès leur apparition, car le Tulasi consacre la
majeure partie de son énergie à la floraison. En
règle générale, un beau pied de Tulasi qui reçoit
suffisamment de lumière fleurira en continu. Ses
petites fleurs mauves forment de petits bouquets

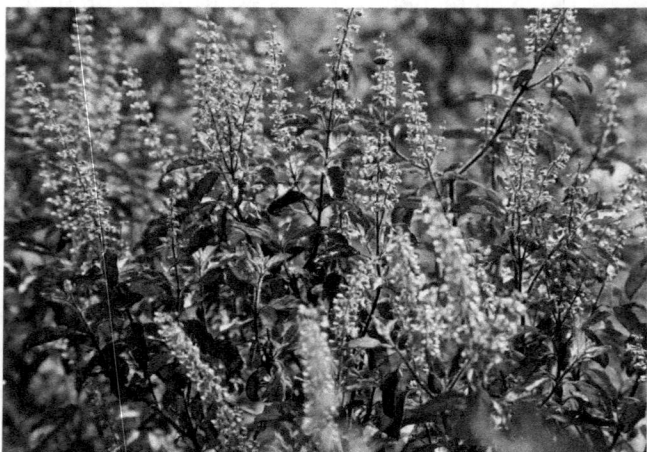

le long d'une tige fine. Les petites fleurs à la base
du bouquet floral s'épanouissent en premier, puis
la floraison gagne vers le haut.

Les fleurs du Tulasi s'appellent *manjaris* en
sanskrit. Dans certains cultes hindous, on les
considère comme des offrandes bénéfiques. Dans

d'autres traditions de l'hindouisme, on offre les feuilles, mais jamais les fleurs.

Si vous voulez laisser les fleurs s'épanouir, veillez à les cueillir quand elles sont encore jeunes et fraîches, avant qu'elles ne forment de minuscules cosses remplies de graines. Ce processus, appelé 'montée en graine', épuise considérablement la plante.

Par contre, si vous souhaitez récolter les graines, attendez que votre Tulasi ait atteint une belle taille adulte et soit en bonne santé. A ce stade, ne laissez que quelques fleurs monter en graines. Quand les fleurs tombent, vous verrez que la base de la corolle verdit et mûrit pour se transformer en une petite coquille délicate qui renferme quatre minuscules graines blanches. Attendez que toute la tige de la fleur sèche et brunisse et que les graines à l'intérieur deviennent marron foncé. Vous pourrez alors les récolter.

Conservez les graines dans un petit sac en papier dans un endroit frais, à l'abri de l'humidité et de la lumière. Si vous ne les récoltez pas, les graines finiront par s'échapper de leur cosse et par tomber. Si toutes les conditions sont favorables, il arrive que ces graines germent au pied de la plante mère. Mais les fourmis adorent les graines de Tulasi, alors essayez de les récolter avant qu'elles ne tombent par terre, sinon elles risquent d'être mangées. Si elles tombent, elles risquent aussi de passer inaperçues et de se dessécher. Si vous avez oublié quelques graines, vous aurez peut-être quand même la chance d'en voir certaines germer spontanément. Dans ce cas, déterrez soigneusement les bébés dès qu'ils ont deux feuilles, sans déranger les racines de la plante mère.

Amma nous a maintes fois répété qu'il est important de laisser les graines de Tulasi respirer. Une fois elle a vu que nous avions enfermé des graines de Tulasi dans de petits sacs en plastique bien étanches, elle nous a alors suggéré de percer des petits trous à l'aide d'une aiguille, pour que les graines puissent avoir de l'air.

Un jour, Amma jouait avec un paquet de graines. On les voyait par transparence à l'intérieur du paquet. Amma s'est amusée à les faire rouler dans tous les sens en disant: « *Les petites graines discutent entre elles. Elles se demandent: '' Où allons-nous aller? Qui va prendre soin de nous? Où serons-nous plantées?'* » A n'en pas douter, ces petites graines magiques sont douées de conscience! Ensuite Amma a évoqué une histoire émouvante qu'elle avait déjà racontée. C'est l'histoire de la graine de Tulasi et de la graine de Lotus. C'était au temps béni du Seigneur Krishna et de ses gopis bien-aimées. La graine de Tulasi servait de symbole pour faire passer un message d'une grande profondeur: on peut dépasser ses limites pour se rapprocher du Divin. A la manière d'une enfant, Amma nous a confié que c'était elle qui avait inventé cette jolie histoire. Cette histoire a été retranscrite mot pour mot au chapitre 8.

Donner à votre Tulasi la maison idéale

Quand vous cherchez l'endroit idéal pour votre Tulasi, il faut prendre en compte ces deux facteurs vitaux que sont la lumière et la chaleur. Si vous habitez dans une région chaude et humide, il est préférable de cultiver le Tulasi à la belle saison, dehors et en plein soleil. C'est dans ces conditions climatiques que le Tulasi prospère. Il ne se plaira peut-être pas autant à l'intérieur s'il est exposé à l'air conditionné, s'il fait trop sec ou s'il manque de soleil. Veillez toutefois à Le rentrer quand le thermomètre risque de descendre en dessous de 10° Celsius (50° Farenheit). Même si le Tulasi peut supporter le froid, des températures inférieures à celles-ci peuvent sérieusement ralentir sa croissance.

Le Tulasi peut se cultiver à l'intérieur dans des régions moins chaudes et moins humides, ou si l'environnement extérieur ne s'y prête pas. Si vous cultivez le Tulasi à l'intérieur, veillez à le protéger de l'air conditionné et suivez les instructions données dans le paragraphe sur les recommandations en matière d'éclairage. Veillez toujours à placer votre Tulasi dans un endroit bien ventilé et bien drainé.

En hiver, si vous cultivez du Tulasi à l'intérieur et que vous voulez le sortir au printemps, faites-le progressivement. Autrement, le Tulasi pourrait être traumatisé par le brusque changement de conditions et ses feuilles risqueraient de 'brûler'. Dans ce cas, ses feuilles jauniraient et tomberaient brutalement. Prenez le temps d'acclimater doucement le Tulasi: sortez le quelques heures au début puis chaque jour un peu plus longtemps au fur et à mesure que la plante s'habitue.

Lumière du jour ou lumière électrique

Si on cultive du Tulasi chez soi, le meilleur endroit où le mettre est près de la fenêtre la plus ensoleillée de la maison. Le Tulasi a besoin d'au moins trois à six heures d'ensoleillement direct par jour et d'autant de lumière indirecte que possible. Il est souvent préférable de le mettre à la fenêtre de la cuisine car cette pièce est généralement plus humide et les plantes s'en portent d'autant mieux. Veillez à éviter les courants d'air froid la nuit, et, si nécessaire, éloignez votre Tulasi de la fenêtre le soir. Si vous faites pousser votre Tulasi près d'une fenêtre, il est souhaitable de tourner le pot un petit peu tous les jours car la plante se dirige naturellement vers la source de lumière. Elle poussera de façon plus harmonieuse si elle reçoit la lumière de tous les côtés.

Si la plante ne reçoit pas assez de soleil en hiver ou si elle a froid, il est préférable d'utiliser une lampe fluorescente à spectre complet. Ces ampoules en forme de tube imitent les rayons naturels du soleil. C'est la façon la moins chère de cultiver des plantes à l'intérieur et la moins gourmande en électricité. Vous pouvez acheter ce genre de fixation pour 'lampe de magasin' dans n'importe quelle quincaillerie. Procurez-vous deux tubes à spectre complet adaptés au dispositif de fixation. Vous en trouverez – ainsi que toute une gamme d'autres éclairages à spectre complet – dans les jardineries, au rayon jardinage d'intérieur.

En hiver, la plupart du temps, vos plantes prospéreront davantage avec cette source de lumière supplémentaire. La lumière d'intérieur est également idéale pour prendre une longueur d'avance si vous voulez faire germer vos graines au début du printemps. Placez votre dispositif d'éclairage le plus près possible de votre Tulasi. Cette lumière ne risque pas de Le brûler. Par contre, elle sera inutile et inefficace si elle est placée trop loin. Le Tulasi filerait pour l'atteindre et deviendrait filiforme. Juste avant que le Tulasi ne touche l'éclairage, remontez le dispositif de quelques centimètres. Si l'éclairage d'intérieur est la principale source de lumière, il est préférable d'avoir plusieurs dispositifs et de les placer de façon à ce que la lumière arrive de tous les côtés à la fois. L'idéal est d'avoir deux dispositifs de chaque côté de la plante afin qu'elle reçoive suffisamment de lumière et obtienne une belle forme ronde. Si la source de lumière ne provient que du haut, les feuilles et branches les plus basses risquent de végéter tandis que le haut de la plante pourrait devenir trop lourd et la tige trop frêle.

Si la lumière ne provient que des lampes électriques, laissez-les allumées entre 14 et 16 heures par jour. Si vous avez quand même un peu de lumière naturelle, vous pouvez suppléer avec la lumière électrique. Par exemple, si vous avez trois ou quatre heures de soleil, gardez les lampes allumées pendant 10 à 12 heures.

Si vous voyez que les feuilles de votre Tulasi pâlissent, qu'elles tombent ou que les branches et les tiges deviennent frêles et démesurées, c'est signe que votre plante manque de lumière. Par contre votre Tulasi vous montrera qu'il a assez de lumière s'il respire de santé, s'il est robuste et luxuriant et si son feuillage est d'un beau vert éclatant.

Il n'est pas rare que le Tulasi soit un peu moins radieux en hiver. Il arrive même qu'Il perde beaucoup de feuilles. N'abandonnez pas tout espoir! Continuez simplement à Lui procurer autant de lumière et de chaleur que possible. La plupart du temps, sa vitalité reviendra au printemps. Ses petites feuilles éclatantes qui pointent le bout de leur nez quand la vie repart de plus belle sont le signe encourageant que vous avez, ensemble, réussi à passer l'hiver.

Conseils d'arrosage

Il est préférable d'arroser votre Tulasi de bonne heure le matin ou en fin d'après-midi. Si vous arrosez en pleine chaleur, les gouttelettes d'eau risquent de chauffer au soleil et de brûler les feuilles. De plus, l'eau risque de s'évaporer avant d'avoir pu nourrir convenablement votre Tulasi. La fréquence

des arrosages dépendra de nombreux facteurs: de
la température, du degré d'hygrométrie et de la
qualité de la terre. Il vaut mieux une terre légère
et bien drainée. Il faut que la terre sèche un peu
entre deux arrosages pour que les racines aient

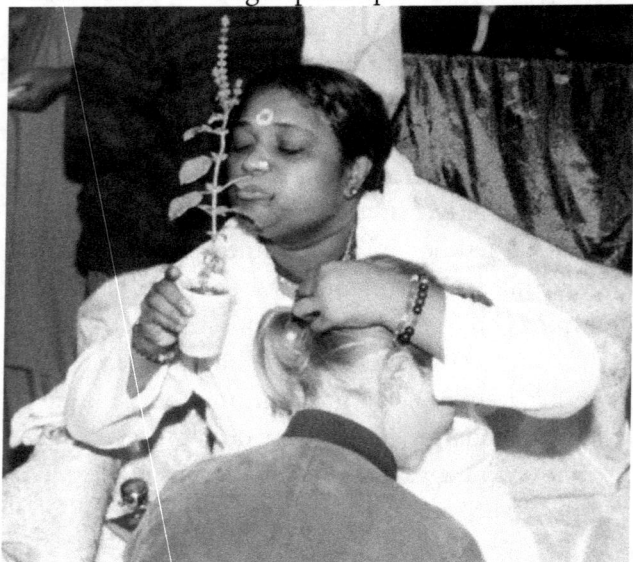

suffisamment d'oxygène et puissent respirer et
se développer. Une terre gorgée d'eau favorise
l'apparition de champignons et de maladies qui
abiment les racines. Un arrosage trop abondant
peut faire brunir et dessécher le bord des feuilles

ou les faire pâlir ou jaunir. Un excès d'eau peut également faire tomber les feuilles.

Chaque jour, enfoncez doucement le bout du doigt sur une profondeur d'environ 6 mm dans le terreau au pied de votre Tulasi pour sentir s'Il a besoin d'eau. Si la terre est encore humide, laissez-la sécher un peu avant de reprendre l'arrosage. Veillez, cependant, à ne pas attendre trop longtemps : la terre pourrait durcir et former une croûte en surface et les feuilles flétrir de soif. Arrosez doucement avec un tuyau muni d'un pistolet d'arrosage bien réglé ou avec un arrosoir. Évitez les jets d'eau trop puissants qui risqueraient de mettre les racines à nu. Si vous remarquez que la terre se compacte au fil du temps, retournez-la doucement en surface avec vos doigts pour l'aérer un peu. Ne retournez le terreau que sur deux centimètres et demi de profondeur en évitant de toucher aux racines.

Faites des arrosages légers, juste ce qu'il faut pour que la terre reste légèrement humide tout au long de la journée. Il est souhaitable d'observer le temps qu'il fait chaque jour, étant donné que le Tulasi a besoin de moins d'eau quand le ciel est nuageux qu'en période de grande chaleur. Environ une fois par semaine, arrosez votre plante abondamment de façon à ce que l'eau ressorte par les trous de drainage et chasse les éventuelles accumulations de sels dans la terre.

Rappelez-vous qu'aucun arrosage ne vaut la pluie et, dans la mesure du possible, sortez votre plante une heure ou deux à chaque fois qu'il pleut. Cela permettra à Tulasi de communier avec les énergies de la pluie, qui Lui offriront plus que de l'eau.

En Inde, on croit généralement que toutes les plantes dorment la nuit. Cette conviction reflète le lien étroit qui unit l'homme aux plantes. Amma reçoit souvent du Tulasi ainsi que d'autres plantes. Souvent elle les embrasse et quelquefois elle les porte à la tête en signe de respect, c'est une façon de s'incliner devant la plante.

Un soir, pendant un programme d'Amma, quelqu'un a offert un pot de Tulasi à Amma. Après l'avoir reçu, Amma a donné, avec délicatesse, la plante à une jeune fille qui L'a ensuite mise par terre, assez maladroitement, avec un grand boum. Amma, doucement s'est exclamée, comme une mère qui veut protéger le sommeil de son enfant : « Oh non, tu L'as réveillé !». Avec cette conscience, vous éviterez sûrement d'arroser votre

Tulasi, de cueillir des feuilles ou de le déranger inutilement la nuit.

Un degré d'hygrométrie suffisant

Le Tulasi aime l'humidité. Si vous vivez dans une région au climat sec et aride, il vous faudra peut-être inventer des façons originales de permettre à votre Tulasi d'absorber davantage d'humidité grâce à son feuillage. Sous l'effet de la sécheresse de l'air, les feuilles peuvent se recroqueviller et noircir sur les bords. Dans de telles conditions, la plante peut sembler avoir soif même si vous l'avez arrosée correctement. En vaporisant son feuillage, vous augmenterez le degré d'humidité. Il peut également être bienvenu de placer deux pots de Tulasi côte à côte, car les plantes aiment partager l'humidité produite par leur évaporation. Vous pouvez fabriquer une petite serre avec un châssis ou un dôme recouvert de plastique transparent que vous placerez sur votre plante. Cette mini serre conservera l'humidité et la chaleur. Cependant, faites attention que la chaleur ne devienne pas trop intense à l'intérieur et ôtez le plastique en cas de besoin. Vous pouvez également mettre un mélange d'eau et de gravier ou de pierre ponce dans un bac et placer le Tulasi sur les cailloux de façon à ce que le niveau de l'eau reste en-dessous du pot.

Maladies et nuisibles

Il est primordial de maintenir votre Tulasi en bonne santé car les nuisibles et les maladies ont tendance à s'attaquer aux plantes les plus faibles. Il est également important d'inspecter votre Tulasi chaque jour. Il est en général facile de régler le problème des nuisibles et des maladies si l'on s'y prend assez tôt. Cependant, le problème risque de s'aggraver si l'on en néglige les premiers signes. Il en va de même en ce qui concerne notre mental. Il est préférable de l'observer quotidiennement pour pouvoir passer à l'action et transcender nos pensées négatives avant qu'elles ne prennent racine. De même, afin de cultiver les vertus intérieures et les faire croître, ne nous laissons pas submerger par les pensées négatives nuisibles.

Occupez-vous de votre plant de Tulasi quotidiennement; enlevez les feuilles qui semblent fanées ou malades, humectez Le chaque jour avec un vaporisateur ou un pistolet d'arrosage bien réglé en insistant sur le dessous des feuilles, car c'est souvent là que se logent les insectes. Une fois par semaine, vaporisez votre Tulasi avec de l'eau savonneuse et attendez 10 minutes pour le rincer en le vaporisant à l'eau claire. Utilisez du savon de Marseille et inclinez le pot pour éviter que le

savon n'atteigne les racines. Il est toujours bénéfique d'avoir quelques coccinelles aux alentours
car ces petites demoiselles se régalent de nombres
d'insectes qui dévorent le Tulasi. Parmi d'autres
insectes bénéfiques, citons les mantes religieuses,
les chrysopes et les punaises embusquées.

Les plantes trouvent tout ce dont elles ont
besoin pour se nourrir – y compris les oligo-
éléments – dans une terre travaillée selon les
méthodes biologiques car elle est bien équilibrée et
riche en éléments nutritifs. Ce genre de nourriture
donne des plantes saines et équilibrées capables
de produire des phéromones pour repousser
les insectes et les maladies. Le fondement de la
culture biologique c'est de nourrir les plantes par
le sol plutôt que par l'eau contenue dans la terre. Il
faut pour cela que la terre contienne du carbone,
sous forme d'humus ou de la matière organique
compostée. L'humus a pour particularité d'agréger
les nutriments minéraux en limitant, dans une
certaine mesure, le lessivage. Il héberge également
des bactéries qui aident les racines des plantes à
absorber ces nutriments. Les engrais chimiques
sont solubles. Les plantes sont donc contraintes
d'absorber tous les nutriments dissous dans l'eau.
Malheureusement, les plantes ne sont pas capables

de trier les nutriments et d'éliminer ceux dont elles n'ont pas besoin. Or l'excès de nutriments affaiblit les plantes et les rend plus sujettes aux maladies et aux attaques d'insectes.

Les araignées rouges

Par temps chaud et sec, des petits points jaunes ou verts peuvent apparaître sur les feuilles. C'est signe que votre Tulasi est peut-être envahi par des araignées rouges. Même si ces dernières sont pratiquement invisibles, vous remarquerez peut-être leur fine toile en cas d'invasion grave. En pompant la sève des feuilles, les araignées rouges détruisent le tissu foliaire : le feuillage se dessèche, jaunit et pâlit et le bout des feuilles noircit. Des pans entiers de la plante peuvent également se flétrir. Ces minuscules araignées vivent sur la face inférieure des feuilles du Tulasi et pondent de tous petits œufs blancs le long des veines des feuilles. Il faut alors traiter votre Tulasi régulièrement à l'eau savonneuse. Plongez délicatement la totalité de la plante dans un seau rempli d'eau savonneuse, tenez-la bien et protégez la surface de la terre en mettant du plastique au pied de la tige. Enlevez le savon en rinçant la plante à l'eau claire. Dirigez le jet de façon à atteindre le dessous des feuilles. Veillez à ce que le jet soit assez fort pour déloger les araignées sans toutefois abîmer la plante. En cas d'infestations plus méchantes, mélangez un quart de cuillerée à café d'huile de neem – ou autre huile de pyréthrine – à une demi-cuillerée à café de savon dilué dans un litre d'eau et vaporisez ce mélange. Vous pouvez également acheter d'autres insecticides naturels en jardinerie. Suivez attentivement les instructions et évitez toujours les produits chimiques car ils affaiblissent les plantes, abîment la santé et nuisent à l'environnement. Si vous protégez votre Tulasi du soleil en fin d'après-midi ou par temps chaud et sec, cela aidera à réduire la prolifération des araignées rouges.

Les pucerons

Les pucerons ressemblent à des puces. Ce sont de minuscules acariens de couleurs variées: noirs, verts ou jaunes. Les colonies pullulent sous les feuilles et sucent lentement la sève. Au début, ils peuvent être difficiles à détecter, car pendant un certain temps les feuilles continuent à sembler en bonne santé. Mais elles finissent par jaunir et tomber ou bien se déformer et se recroqueviller. C'est pour cette raison qu'il est important de regarder souvent le dessous des feuilles. Si vous détectez des pucerons, la première chose à faire, c'est d'enlever les feuilles les plus infestées. Les feuilles les moins

attaquées peuvent être nettoyées à l'eau savonneuse. Il faut ensuite surveiller la plante de près
pour dépister toute nouvelle attaque. En effet, les
pucerons se reproduisent à une vitesse incroyable
et s'ils ne sont pas jugulés à temps, la plante peut
rapidement être envahie. D'autre part, si les pucerons tombent, il est fort probable que les fourmis
vont les récupérer pour les remettre sur la plante.
Fourmis et pucerons sont bons amis. Si vous
remarquez qu'il y a beaucoup de fourmis sur vos
plantes, regardez-y de plus près car c'est peut-être
signe qu'il y a des pucerons. Mais malheureusement les fourmis ne mangent pas les pucerons,
en fait elles les 'élèvent'. Cela veut dire qu'elles
protègent les pucerons et qu'elles se nourrissent du
jus sucré (miellat) sécrété par les pucerons.

En cas d'invasions graves, ou si vous avez
plusieurs plantes, nous avons mis au point un
excellent remède à vaporiser. Faites tremper
200 grammes de feuilles de tabac dans un litre
d'eau pendant une journée. Ajoutez ensuite 100
grammes de piment en poudre et 100 grammes
d'ail frais écrasé et laissez tremper pendant trois
heures. Filtrez dans une passoire fine. Diluez un
volume de cette préparation dans quatre volumes
d'eau. Utilisez un vaporisateur en prenant bien

soin de viser le dessous des feuilles. Faites attention à ce que le mélange ne pénètre pas dans la terre. Il faut l'utiliser dans les deux jours car au-delà les huiles volatiles d'ail et de piment perdent de leur efficacité. Bien que cette méthode soit très efficace, elle n'est à utiliser qu'en dernier recours, si toutes les autres méthodes ont échoué. Du fait de la force de ce traitement, évitez de le réitérer trop vite: un usage répété risquerait d'altérer la croissance de la plante. Faites toujours un essai avec un mélange très dilué afin de voir si c'est vraiment efficace pour lutter contre les pucerons et si cela convient à la plante. Vaporisez en fin d'après-midi, car le soleil de midi chaufferait le mélange et abîmerait la plante inutilement. Il est toujours bon qu'il y ait des coccinelles aux alentours, car elles mangent les pucerons.

Les fourmis

Les fourmis ne posent pas de gros problèmes en elles-mêmes, par contre les petits amis qu'elles amènent si! Les fourmis « élèvent » des pucerons mais aussi des araignées rouges et des hémiptères. En fait elles peuvent transporter les insectes nuisibles de plante en plante: elles les protègent et se régalent de leurs sécrétions aux dépens du Tulasi. Comme indiqué ci-dessus, les fourmis dévorent les graines de Tulasi avant qu'elles n'arrivent à maturité sur la plante ou qu'elles n'aient eu le temps de tomber par terre et de germer. Veillez à ce qu'il n'y ait pas de fourmis à l'endroit où vous effectuez vos plantations. S'il y en a, placez les bacs de germination sur une table dont tous les pieds baignent dans une coupelle remplie d'eau, cela devrait résoudre le problème. Il arrive, mais rarement, que les fourmis fassent leur nid dans le pot de Tulasi, ce qui perturbe la bonne croissance des racines. Vous pouvez vous débarrasser du nid en l'arrosant copieusement, mais prévoyez un bâton pour servir de pont aux fourmis qui échappent à l'inondation. Quelques gouttes d'huile essentielle de menthe poivrée dans un vaporisateur éloigneraient les fourmis. Ces dernières détestent également le sel, le curcuma et la cannelle, mais nous n'avons pas observé d'effets très concluants.

Les cochenilles

Si vous repérez une petite boule blanche poudreuse, vous êtes en fait en présence d'une cochenille: c'est une petite bête dont le corps est mou et les pattes sont recouvertes d'une substance cotonneuse. Ces petites bêtes colonisent les tiges, les craquelures des branches et les jeunes feuilles qui poussent à proximité des fleurs. Elles finiront par pomper toute la sève du Tulasi. Comme elles sont faciles à détecter, la première chose à faire c'est de les essuyer, sinon utilisez un bon jet d'eau savonneuse. Surveillez bien votre plante car les cochenilles risquent fort de revenir, mais elles finiront par disparaître si vous ne les laissez pas envahir la plante. Vous pouvez aussi vaporiser de l'huile de neem ou de l'ambre solaire.

Les mouches blanches

Les mouches blanches apparaîtront le plus souvent par temps chaud et humide. Leur nom en donne une bonne description, bien qu'elles soient plus petites que les mouches courantes. Elles se reproduisent rapidement et il peut se révéler difficile d'en venir à bout. Ce sont les bébés collants qui s'agglutinent sous les feuilles qui causent le plus de dégâts en suçant le jus du Tulasi. Vous pourrez réduire la population adulte en vaporisant des préparations à base de neem, de pyrèthre ou de savon, mais en ce qui concerne les petits, il faudra utiliser un jet puissant ou essuyer les feuilles. En été, traitez tous les cinq jours avec un vaporisateur pour lutter contre l'infestation. Vous pouvez acheter de petits pièges jaunes collants spécifiques pour les mouches blanches. *Encarsia formosa*, une petite guêpe et *Delphastus pusillus*, une petite coccinelle noire aident toutes les deux à réduire le nombre de mouches blanches.

Les insectes de la famille de hémiptères

Comme leur nom pourrait l'indiquer, les hémiptères sont de petites bosses brunes de forme ovale qui apparaissent en général sur les branches. En fait ces bosses sont des coquilles qui protègent les insectes. On peut les gratter tout doucement dès leur apparition. Appliquez ensuite de l'huile de neem diluée ou de l'eau savonneuse sur la branche pour éviter que les œufs passés inaperçus n'éclosent.

Autres insectes nuisibles

Les perceurs de tiges (insectes térébrants) qui s'introduisent dans la tige et s'y fraient un passage à l'intérieur à coups de mandibules peuvent provoquer le flétrissement inattendu de toute une branche. Retirez alors toute la branche avec un sécateur pour éviter que l'insecte ne continue sa progression.

Les mineurs de feuilles et autres vers communs peuvent vivre à l'intérieur même du feuillage ou se nourrir des feuilles. Ils dévorent le tissu foliaire pour s'y frayer de minuscules tunnels. Ils laissent une ligne ondulée irrégulière blanche ou brune facile à repérer à la surface de la feuille. Quelquefois, le ver dévore tant et si bien que la feuille finit par ressembler à une mosaïque. Retirez tout simplement la feuille infestée.

Les chenilles peuvent aussi venir festoyer sur votre Tulasi. Si vos feuilles sont grignotées, regardez de plus près. Les chenilles sont des adeptes du camouflage et du mimétisme. Certaines ne sortent que la nuit pour se nourrir: mais les dégâts visibles le lendemain matin témoignent sans aucun doute possible de leur présence. La solution la plus simple consiste à ramasser ces goinfres affamés et à les emmener dans un endroit lointain. Il faudra peut-être vous armer d'une lampe électrique, la nuit, pour surprendre et attraper tous les coupables.

Maladies

Les maladies peuvent être provoquées par des champignons, des virus et des bactéries. Un arrosage excessif et un mauvais drainage peuvent déclencher des maladies bactériennes et fongiques qui font pourrir les racines. Les feuilles de Tulasi jaunissent et certaines parties de la plante peuvent se mettre à dépérir. Pour éviter l'apparition de ces maladies, veillez toujours à bien aérer la terre et évitez les arrosages excessifs.

Certains virus peuvent être transmis aux plantes par des insectes. Les virus signalen parfois leur présence par des traces ou des taches. Les feuilles peuvent aussi se recroqueviller. Les virus sont parfois difficiles à éradiquer. Dans certains cas, le virus ne s'attaque qu'à une certaine partie de la plante: alors enlevez immédiatement la partie touchée.

S'il y a trop d'humidité et que l'air circule mal, le mildiou peut s'installer et faire apparaître des plaques duveteuses sur les feuilles qui finissent par noircir avant de tomber. D'autres types de champignons peuvent également provoquer la chute brutale de feuilles apparemment saines ou faire flétrir toute une branche. Une meilleure circulation d'air, des arrosages réduits au minimum ainsi que le saupoudrage de soufre peuvent arrêter la progression du champignon. Il est également efficace de vaporiser du lait pour faire disparaître le mildiou.

Des changements brusques de température occasionnent fréquemment les mêmes symptômes que les maladies, par exemple la chute des feuilles. Soyez prudent si vous mettez votre Tulasi à proximité d'une fenêtre, car l'écart entre des températures diurnes élevées et des températures nocturnes basses peuvent provoquer ce genre de choc thermique.

Puissent les informations données ici vous aider à cultiver votre plant de Tulasi sacré et à progresser dans cette voie. Le plus important, c'est l'amour et la communion mutuels que vous entretiendrez avec Lui, car c'est le Tulasi lui-même qui vous révélera ce dont Il a besoin et la façon dont il faut prendre soin de Lui. Au cours de ce processus, vous vous rendrez peut-être compte qu'en fait c'est Lui qui a pris soin de vous en éveillant votre conscience et en cultivant votre lien inné avec Mère Nature. De la même façon, en cultivant l'amour de Dieu et la dévotion, nous nous rendons compte que c'est véritablement le Divin qui nous aime et qui nous aide à nous rapprocher de notre vraie nature.

Le Tulasi Intérieur – Cultiver la dévotion en soi

Quand nous nous occupons de notre Tulasi, rappelons-nous que nous sommes en train de cultiver la douce plante de la dévotion dans nos cœurs. C'est dans le terreau du désir sincère d'aimer et de nous mettre au service de toute la création que nous plantons les graines d'amour pur. C'est le discernement acquis en voyant les cadeaux que nous apporte chacune des situations rencontrées qui sert d'engrais pour stimuler en nous la croissance du désintéressement. Si nous enracinons notre vie dans la patience et l'humilité, nous pouvons arriver à complète maturité.

Le soleil de la sagesse (*jnana surya*) est la lumière qui permet à l'amour pur de s'épanouir dans les cœurs dans des conditions idéales. Versons sur la plante de la dévotion l'eau de la reconnaissance et arrosons-la d'une pluie de bonnes actions, protégeons-la du froid de l'égoïsme et de la méchanceté. Grâce à la connaissance de soi, nous pouvons repérer les 'nuisibles' et tailler tout ce qui nous enlève notre énergie vitale. En ôtant les 'vieilles feuilles', abandonnons les tendances qui nous empêchent de grandir. Grâce à ces soins attentifs, les fleurs parfumées de la grâce s'épanouissent. Pleins de gratitude, nous en faisons des guirlandes que nous offrons au Divin.

Amma souligne que la conscience est la première des qualités nécessaires à notre développement spirituel. Amma ne cesse de nous encourager ; voici sa prière:

« *Puisse l'arbre de notre vie être fermement*
enraciné dans le terreau de l'Amour.
Que de bonnes actions en soient les feuilles,
que des paroles gentilles en soient les fleurs et
que la paix en soit le fruit.
Puissions-nous croître et nous épanouir
comme une seule famille unie dans
l'Amour. »

Chapitre 6

La culture du Tulasi à l'ashram d'Amma en Inde

Le jardin de Tulasi d'Amma

En 2003, Amma émit le désir de créer un grand jardin de Tulasi dans son ashram en Inde. Au fil du temps, un bosquet de cocotiers et un terrain sur lequel on avait agrandi un vieux parking ont peu à peu cédé la place à un jardin radieux foisonnant de Tulasi. Les pieds de Tulasi avaient été plantés en spirale au centre du jardin, tous ceux qui le désiraient pouvaient s'y initier aux prières traditionnelles et à la circumambulation du Tulasi.

Les premières réalisations ne tardèrent pas à être submergées par une vague d'eau salée de près d'un mètre soixante-dix de haut au moment où, non loin de là, le tsunami asiatique frappa la côte de la Mer d'Arabie, détruisant tout dans son sillage en 2004: les plantes, les arbres et malheureusement aussi les maisons des villages avoisinants. Tandis que l'ashram reconstruisait les maisons, le jardin ressuscita, offrant ainsi un peu d'espoir à cette zone dévastée.

Le jardin du Tulasi a permis aux visiteurs internationaux et aux résidents de l'ashram de se familiariser avec un apprentissage de longue haleine. Ce fut l'occasion de s'essayer à la culture biologique sous les tropiques, à la permaculture et aux techniques agricoles traditionnelles de l'Inde tout en bravant la saison de la mousson et en prenant en compte les divers tenants et aboutissants de la culture du Tulasi. La récolte fut généreuse. Cette profusion servit à fabriquer des remèdes et des offrandes pour Amma. Au fil du temps, d'autres plantes vinrent s'ajouter au Tulasi, des fleurs, des arbres, des plantes ayurvédiques et des légumes, tant et si bien qu'il ne resta bientôt plus assez de place pour le Tulasi.

Amma redit son souhait d'étendre la culture du Tulasi. Le jardin s'agrandit et investit à plusieurs reprises de nouveaux espaces et de plus grandes surfaces. En 2005, Amma lança un projet à beaucoup plus grande échelle dans le but de cultiver 100,000 pieds de Tulasi.

Pour élargir le projet de culture du Tulasi, Amma avait choisi d'utiliser, entre autres, un terrain d'un peu plus de trois hectares qui avait servi à l'ashram pour construire des abris temporaires pour les centaines de villageois qui avaient souffert du Tsunami. Ce terrain est situé à Srayikkad, un lieu-dit situé en bordure de mer. Un temple y avait été détruit par le Tsunami et Amma avait dit que l'un de Ses objectifs en promouvant la culture du Tulasi à cet endroit était de restaurer l'énergie sacrée du lieu. Un nouveau temple fut érigé tandis qu'un petit groupe de jardiniers s'efforçait de mettre en place un temple, vivant celui-là – dédié à Dévi Tulasi.

Au début du projet, environ une douzaine de familles étaient encore logées dans les abris et un grand nombre d'enfants qui vivaient là s'approprièrent le jardin du Tulasi. Ils participèrent aux plantations, aux récoltes, à l'arrosage et aux divers travaux de jardinage. Avec beaucoup d'enthousiasme et très peu d'outils, le projet réussit à s'implanter dans ce grand terrain marécageux et 5,000 pieds de Tulasi furent plantés. Réussite assez surprenante étant donnés les défis innombrables à relever ! Il s'agissait, entre autres problèmes, de cultiver des plantes dans du sable, rien que du sable ! A l'heure qu'il est, on y récolte les feuilles du haut et les fleurs pour tresser chaque jour une provision de guirlandes de Tulasi que les dévots peuvent offrir à Amma. Le bois des branches qui sont récoltées sert à fabriquer à la main des perles de chapelets.

Peu de temps après, un autre terrain fut choisi à côté du campus du grand Hôpital et Institut d'Ayurvéda de l'ashram. On y cultive Jusqu'à 10,000 pieds de Tulasi. Les visiteurs internationaux, les résidents ainsi que des gens du village cultivent ensemble le Tulasi.

Un atelier original de séchage a été mis en place dans l'enceinte de l'Ayurvedic Seaside Building situé au bord de la mer pour transformer la

récolte de Tulasi dans les règles de l'art. Le Tulasi ainsi préparé est consommé en tisane aussi bien en Inde qu'à l'étranger. Aujourd'hui, toute une gamme de préparations médicinales est élaborée à partir du Tulasi cultivé à l'ashram: teinture de Tulasi, essence florale de Tulasi, feuilles bénies de Tulasi (des guirlandes portées par Amma), baumes médicinaux et mélanges spéciaux pour tisanes.

Le champ de la Mère Divine

C'est l'un des jardins du Tulasi d'Amma qui servit de source d'inspiration pour l'histoire qui suit.
Venez mes amis, hâtons nous vers les champs de Tulasi. Sortons de l'ashram, de l'autre côté de la rivière, les premiers rayons du soleil levant éclairent notre chemin. On entend les bruits du matin du village voisin. Nous devons arriver au champ à temps pour voir les rayons du soleil illuminer notre Tulasi Bien-aimé. Nous courons nous fondre à nouveau en Dévi Tulasi, l'incarnation de la Mère Divine. Nous La sentons qui attend notre arrivée. Nous longeons la rivière, les vaches s'éveillent à peine et meuglent doucement. L'air résonne des chants d'oiseaux. Nos esprits et nos âmes retrouvent les temps anciens où le Seigneur Krishna se promenait à Vrindavan dans les forêts

foisonnantes de Tulasi. Nos cœurs se précipitent pour saluer le champ baignant dans la douce lumière orangée de l'aube.

Nous marchons sans bruit dans l'herbe, les pieds mouillés de rosée : la brise tiède nous caresse doucement. Le frais parfum d'un jour nouveau nous remplit d'énergie et de vitalité. Au détour du chemin, nous empruntons la route pavée qui nous mène au champ de notre Mère Tulasi. Nous arrivons juste à temps pour voir les rayons de soleil qui éclairent les jeunes feuilles d'un beau vert pâle. Les plantes qui ont reçu le plus fort du soleil se sont plus ou moins empourprées. Là dans le silence de l'aube, nous nous asseyons tout près d'Elle pour la contempler avec amour tandis qu'Elle répand sur nous ses bénédictions.

En file indienne, nous déambulons autour du Tulasi que nous avons planté dans un pot spécial, le *matham*. Nous restons un moment en silence à sentir le calme. Nous joignons les mains en prière pour réciter les mantras du Tulasi que Ses adorateurs récitent depuis la nuit des temps. Nous nous inclinons en signe de profond respect et restons assis un moment à respirer le parfum divin du Tulasi. L'odeur qui en émane est indescriptible et procure un sentiment de calme, de sérénité et de

tranquillité d'esprit. Le Tulasi a la réputation de purifier l'atmosphère de l'endroit où Il pousse, ce qui contribue à écarter la maladie. Chaque bouffée de son parfum dissout toutes les formes de stress et nous rappelle qu'il est important de ralentir pour se connecter avec la Nature, la Source d'où nous venons tous et à laquelle nous devrons retourner. Nous nous remémorons l'enseignement d'Amma: en compagnie du Tulasi, nous devenons conscients de notre unité avec la Nature tout entière.

Le cœur ouvert et rempli de dévotion, nous commençons à chanter à l'unisson. A quelques pas de là, dans un bosquet de cocotiers nous apercevons un oiseau bleu qui chante avec nous. Nous nous oublions, plongeant dans les douces mélodies qui chantent l'amour de la Mère Divine. Dévi Tulasi est arrivée; elle nous appelle pour que nous lui ouvrions nos cœurs et que nous lui racontions nos joies et nos peines. A nouveau, nous nous inclinons profondément devant Dévi Tulasi et elle répand sur nous ses cadeaux d'amour et de dévotion.

En nous relevant, nous contemplons le beau champ de la Mère Divine qui danse dans la douce caresse d'une brise tiède. Comme des petits enfants, nous courons vers le champ, nous sautillons, jouons ou nous nous reposons dans les bras de notre Mère. Il est reconnu que la terre où pousse le Tulasi est sacrée. Étendus sous Ses branches, lovés en son sein, nous sentons combien cela est vrai. En plongeant le regard dans le bleu du ciel, notre conscience s'élargit nous nous sentons reliés à la Création tout entière.

Ici le sable se mélange à la glaise rouge et au compost de fumier de vache. Le Tulasi adore le soleil et l'eau. Il prospère dans cette atmosphère chaude et humide. Amma nous a dit qu'au Kérala, le Tulasi est très puissant car les conditions y sont optimales : l'ensoleillement, la température et d'autres facteurs sont réunis pour qu'Il pousse dans un environnement idéal.

Même si sous les tropiques le soleil est très chaud pendant de nombreux mois, à la saison de la mousson il peut pleuvoir plus ou moins pendant une période qui peut durer jusqu'à six mois. Quelquefois, le champ est presque inondé. Nous avons planté le Tulasi sur des plates bandes surélevées, car Il ne supporte pas longtemps d'avoir les pieds dans l'eau. Pour beaucoup de pieds de Tulasi, la saison de la mousson est une épreuve difficile. Mais ce matin, tous les pieds sont en fleurs. Le matin est le meilleur moment pour effectuer les récoltes car l'énergie de la plante est ascendante. Il existe un mantra spécial à réciter avant d'entreprendre la récolte.

Tulasi amrita-janmasi
Sada tvam Kesava-priya
Kesavartham cinomi tvam
Varada bhava shobane

Oh Tulasi, du nectar le fils chéri
Toi l'éternel Bien aimé du Seigneur Kesava

C'est pour Lui que nous récoltons tes feuilles,
Beau Tulasi,
Accorde-nous, s'il te plait,
la grâce de servir le Seigneur.

La récolte des feuilles, des fleurs et des graines de Tulasi revêt un caractère très spécial. Il est dit que si l'on casse inutilement une branche de Tulasi, le Seigneur Krishna le ressent autant que si c'était à lui que l'on faisait mal. Nous sommes conscients que c'est un privilège et un honneur de pouvoir toucher le Tulasi et nous le faisons avec le plus grand soin et beaucoup d'attention.

Assis à côté du Tulasi, nous prions de tout notre cœur qu'il nous pardonne si nous commettons des erreurs en récoltant Ses feuilles. Nous nous rappelons ce qu'Amma nous a dit: « Prions et souvenons-nous de Dieu quand nous procédons à la fabrication des remèdes destinés à autrui. » Comme ce Tulasi servira à tresser les guirlandes qui seront offertes à Amma, nos cœurs débordent d'amour. Nous imaginons Amma parée de ces guirlandes, symboles de l'amour même de la Terre. Chaque feuille de Tulasi tremble de joie, pleine de gratitude à l'idée de servir le divin. Pour un peu on les entendrait chanter: « Moi, moi choisissez moi, prenez moi. Puissions-nous toutes nous fondre en celui qui nous a créées. » Nous rions car nous savons bien que Tulasi est d'ores et déjà uni à la Mère Divine et que rien ne peut les séparer. C'est cette douce dévotion que Tulasi nous aide à cultiver en nous.

Tandis que nous faisons la récolte, nous regardons les petites abeilles qui arrivent tout juste à plonger leur corps minuscule dans les fleurs du Tulasi afin d'y recevoir leur nourriture quotidienne. Ce sont des abeilles bien particulières qui ne se nourrissent que du nectar d'herbes médicinales. Le long de tige florale, nous récoltons les feuilles jusqu'à deux ou trois yeux du sommet. En quelques jours, il y aura deux tiges qui pousseront là où il n'y en avait qu'une. C'est la magie du Tulasi. Offrir Ses feuilles lui permet en fait de grandir pour S'offrir encore plus au monde. Il nous montre que si nous nous attachons à donner au monde, au lieu de prendre, la vie nous offrira beaucoup plus.

A présent, le soleil s'est élevé dans le ciel et les plants de Tulasi commencent à flétrir sous la chaleur. Ceci nous signale qu'il est temps d'arrêter la récolte. Nous nous rassemblons à nouveau à l'ombre des cocotiers pour faire le point sur la récolte du matin. Les abeilles minuscules nous suivent jusqu'à l'endroit où nous sommes assises. Elles se posent sur nous, de temps en temps, pour embrasser silencieusement nos mains tâchées de violet par le Tulasi.

Après avoir effectué les récoltes, nous entreprenons de nourrir les plantes. D'abord nous ajoutons du compost au pied des plants de Tulasi. En forêt le mulchage se fait naturellement et nous essayons de reproduire la litière que l'on y trouve. Cette litière très riche en éléments nutritifs se compose d'un lit de feuilles, de brindilles et de branches en décomposition. Au fil du temps, les nutriments se décomposent et les plantes les absorbent. Nous ne laissons jamais la terre à nu sous peine de voir l'eau éroder le sol et dénuder les fragiles racines. Un sol dénudé risque aussi de se dessécher et de perdre de sa fertilité.

Comme le souhaite Amma, nous essayons en toute humilité que ce champ devienne un autre Vrindavan. Dans la forêt de Vrindavan, les animaux, les plantes et les êtres humains vivaient tous en paix, côte à côte sous la protection divine du Seigneur Krishna. Là-bas, Krishna connaissait le cœur de tous les êtres. C'était un endroit de grande bio-diversité. Les herbes folles n'y étaient pas considérées comme des mauvaises herbes, mais plutôt comme des plantes qui elles-aussi se languissaient de voir et de toucher le Seigneur.

Prions pour que nous puissions réaliser le rêve d'Amma et recréer cette forêt d'amour, à nouveau. Puissent tous les êtres réapprendre à vivre en harmonie et ressentir le lien qui les unit à la Nature comme un enfant à sa mère.

Chapitre 7

Intuitions et expériences

La richesse du désintéressement

Swami Premananda a été l'un des premiers jeunes gens à venir vivre auprès d'Amma en 1979. Sur les conseils d'Amma, il dirige, à présent, un ashram sur l'Ile de La Réunion, au large de la côte africaine. Il a toujours beaucoup aimé les plantes et tout particulièrement le Tulasi. Quand il a commencé à chercher un endroit pour y installer l'ashram, Amma lui a demandé d'acheter un terrain dans une région aride de l'Ile. Ensuite, elle lui a demandé de cultiver un beau jardin dans cette zone par ailleurs désertique en lui disant: « C'est à la portée de n'importe qui de faire un jardin dans une région fertile, mais pour cultiver un jardin dans un désert, il faut de l'amour vrai. »

Une des premières fois qu'Amma se rendit à La Réunion, un homme très pauvre vint la voir avec un panier rempli de jeunes plants de Tulasi Krishna. Il donna le panier à Amma en lui demandant de bénir ces bébés plantes. Il dit à Amma qu'il était très pauvre et qu'il n'avait rien d'autre à offrir, mais il voulait vendre ces plantes pour récolter de l'argent pour l'orphelinat d'Amma. Gaiement, Amma s'exclama: « Comment pourrais-tu être pauvre? Les pauvres ne peuvent pas donner, mais toi tu donnes. Tu es donc riche! Il y a beaucoup de riches qui ne peuvent pas donner. Ce sont eux les vrais pauvres. »

Avec amour Amma plaça le panier de Tulasi sur sa tête et se mit à répéter gentiment: 'Krishna, Krishna! » avec tant de dévotion qu'elle plongea dans une profonde béatitude. Swami Premananda avait été témoin de cette scène si touchante, il en fut tellement ému qu'il acheta lui-même tous les plants de Tulasi du panier. Il planta les jeunes plantes sacrées dans le jardin de l'ashram. Elles ne tardèrent pas à grandir et à prospérer. Le jardin se transforma en un paradis sacré, foisonnant de vie.

Un jour, Swami Premananda se rappela un verset des Écritures qui affirme que celui qui contemple le Tulasi avec dévotion au petit matin jouira d'une vue excellente pour le restant de ses jours. Conscient du fait que les esprits modernes ont besoin de preuves scientifiques pour valider les déclarations des Textes Sacrés, il résolut d'approfondir le sujet.

Au bout de longues recherches, il découvrit des travaux qui confirmaient les Écritures. En plus des vapeurs d'ozone, le Tulasi exhale d'autres vapeurs au moment où la photosynthèse reprend, tôt le matin.

Swami Premananda eut l'intuition que sous l'effet de la dévotion, les yeux peuvent s'embuer et même se remplir de larmes. Il se rappela l'étincelle qui brille dans le regard d'Amma et ses yeux qui semblent toujours sur le point de verser des larmes d'amour. « Qu'est-ce qui, mieux que l'eau de la dévotion, pourrait permettre à l'œil d'absorber les bienfaits de ces vapeurs pensa t-il. »

Swami Premananda nous a raconté une autre histoire intéressante. Il s'agit d'un Tulasi célèbre que l'on peut voir en Inde, à Bangalore. On raconte que ce Tulasi de cinq mètres de haut a 20 ans. Il se trouve chez une dévote fervente qui rend hommage à Dévi Tulasi depuis qu'elle est petite. Chaque matin, le cœur plein d'amour, elle adore Tulasi selon le rituel traditionnel. Les gens viennent des quatre coins de l'Inde pour voir ce fameux Tulasi. Ils croient que c'est grâce à la sincérité de la dévotion de cette dame que le Tulasi prospère depuis tant d'années.

La Déesse vivante

Depuis plusieurs années, une épidémie de suicides sévit continuellement chez les agriculteurs indiens. Selon une étude récente, dans certaines régions les agriculteurs se suicident au rythme de un toutes les huit heures! Poussés par des forces économiques agressives qui les encouragent à abandonner leurs cultures vivrières traditionnelles pour une monoculture basée sur le profit, les agriculteurs souscrivent souvent de gros emprunts. Dans le même temps, les mauvaises récoltes sont de plus en plus fréquentes à cause de la sécheresse, de l'usure des sols et de l'inefficacité des pesticides. Les agriculteurs se retrouvent avec une terre qui ne produit plus de rendements et une montagne de dettes. Ayant perdu tout espoir de subvenir aux besoins de leur famille, ces agriculteurs se donnent la mort en buvant leurs pesticides.

Inspirée par sa compassion, Amma fait tout ce qu'elle peut pour venir en aide aux agriculteurs qui se retrouvent dans cette situation tragique. Le MAM (Mata Amritanandamayi Math) a lancé de nombreux projets. Dans le cadre d'une de ses actions, 100.000 enfants d'agriculteurs vivant sous le seuil de la pauvreté reçoivent une bourse permanente de scolarité. Nombre de ces boursiers ont un ou deux de leurs parents qui se sont suicidés. Des campagnes de sensibilisation sont organisées et des programmes ont été mis en place pour donner aux jeunes des valeurs morales ou pour les renforcer. De plus le MAM propose des stages d'enseignement supérieur et des symposiums sur la préservation de l'environnement. Il offre également des formations professionnelles gratuites à des femmes d'agriculteurs ruinés réparties dans 5.000 groupes d'entraide autogérés.

Récemment, quelques-unes de ces familles démunies se sont rendues à l'ashram principal d'Amma dans le sud de l'Inde. Elles se sont senties très à l'aise à l'ashram. En fait, elles ont été très étonnées de voir une grande balançoire accrochée à des arbres juste à côté de la chambre d'Amma qui ressemblait beaucoup aux balançoires sur lesquelles elles s'amusaient dans leur enfance. Les femmes n'hésitèrent pas à se balancer debout, prêtes à cueillir les feuilles tout en haut des arbres avec les dents comme quand elles étaient enfants. Elles étaient très heureuses et n'arrêtaient pas de répéter: « Nous avons l'impression d'être chez notre mère ». Le matin de leur départ, certaines se rendirent de bonne heure dans le jardin à côté de la chambre d'Amma pour ramasser de la terre sous la balançoire. Elles voulaient en emporter chez elles. Elles s'affairaient en disant : « Si l'on va dans un temple dédié à Dieu, il faut ramener quelque chose chez soi en souvenir. Mais nous n'avons pas assez d'argent pour ramener quoi que ce soit. Alors nous prenons un peu de la terre qui a été touchée par les Pieds Divins d'Amma. Nous planterons du Tulasi dans cette terre sacrée, en souvenir de la présence d'Amma. Amma est dans nos cœurs. Jusqu'à présent, nous n'avions vu Dieu que dans des statues en pierre, mais maintenant nous avons vu le Dieu Vivant. En souvenir de la Déesse Vivante, nous prenons cette terre sacrée pour planter Dévi Tulasi chez nous. Nous allons planter une Déesse Vivante! »

Elles prononçaient ces paroles avec tant de foi et d'innocence que beaucoup en furent émus aux larmes. Pour ces agriculteurs qui avaient connu tant de tragédies et de deuils, le Tulasi est plus qu'un symbole. C'est la Mère Divine incarnée. Conscients de l'espoir et de la force que le Tulasi leur apporte dans la vie et chez eux, ils plantent avec Lui l'incarnation de la compassion et une forme tangible de la vie sans cesse renouvelée.

Chapitre 8

Les légendes de Dévi Tulasi

« La religion nous apprend à adorer Dieu dans la Nature. Grâce aux histoires de la vie de Krishna, le Tulasi et les vaches sont devenus très chers au cœur des indiens. C'est pour cette raison qu'ils les protègent et les soignent. Autrefois, à côté de chaque maison, il y avait un étang et un petit bosquet d'arbres. Chaque foyer avait son Tulasi dans la cour devant la maison. A cette époque, cela faisait partie de la vie quotidienne de l'arroser chaque matin de s'incliner avec révérence et dévotion devant lui et de l'adorer en tant qu'incarnation de la Déesse.

Autrefois, on n'avait pas spécialement besoin de préserver l'environnement, car la protection de la Nature faisait partie intégrante de la vie même et du culte qu'on vouait à Dieu. Plus qu'ils ne se souvenaient de Dieu, les gens aimaient et servaient la Nature et la société. Ils voyaient le Créateur au sein de la Création. Ils adoraient, protégeaient la Nature et lui vouaient un culte car ils voyaient en elle la forme visible de Dieu. » — *Amma*

Les Textes Sacrés de l'Inde regorgent d'histoires qui décrivent les splendeurs et les bienfaits de Dévi Tulasi et qui racontent comment elle prit la forme d'une plante sacrée. On adore en Dévi Tulasi l'incarnation même de la pure dévotion envers Dieu. Amma dit que le Tulasi est la fleur du sacrifice de soi. Il est dit que si nous adorons cette humble plante comme étant l'incarnation de la dévotion, cela éveille en nous l'amour pur, la dévotion et l'humilité.

Le Tulasi est associé de très près au Seigneur Krishna dont voici une superbe description: « *Le Seigneur Suprême, l'Incarnation de la Vérité, la Conscience et la Joie sont connus sous les noms de Krishna et Govinda, celui qui n'a pas de commencement, qui est l'origine de toute chose et la cause de toutes les causes. »*

— Brahma Samhita 5

Le Seigneur Krishna est l'une des incarnations du Seigneur Vishnou, Dieu sous son aspect de conservateur de l'univers. Considérée comme étant la Bien-Aimée préférée du Seigneur Vishnou, la plus pure et la plus exaltée d'entre ses dévots, on honore

Tulasi comme une incarnation de la déesse de la Vie. Il est dit que le Seigneur Vishnou créa Tulasi pour l'élévation de tous les êtres. IL l'engendra à partir de l'océan de lait cosmique qui donna naissance au nectar de l'immortalité.

Un chant bien connu lui est dédié:

> *Yadmule sarvatirthani*
> *Yadagre sarva devataam*
> *Yadmadhye sarva vedaascha*
> *Tulasi taam namaamyaham.*

> Je m'incline devant toi, Ô Tulasi,
> Dont les racines sont baignées
> de toutes les rivières sacrées.
> Dans tes branches et tes feuilles
> demeurent tous les dieux,
> Les Védas te font une couronne.

Les *Vaishnavites* (adorateurs de Vishnou) croient que Tulasi est une incarnation de Dévi Vrinda, la Déesse de toutes les plantes et de tous les arbres. Dévi Vrinda est également considérée comme la puissance créatrice à l'œuvre derrière la *Lila-shakti* (jeu divin). Elle demeure à Goloka (le royaume céleste de Krishna). Vrindavan est la manifestation terrestre de Goloka et c'est là que Krishna vécut pendant son enfance. Il est dit que rien n'arrive à Vrindavan qui ne soit voulu par Dévi Vrinda. Pour plaire au Seigneur, Elle décide du souffle du vent, de l'endroit où il pleut et choisit les fleurs qui vont s'épanouir. Dévi Vrinda apparut bien avant que Krishna ne descende sur Terre. Elle accomplit de nombreuses pratiques spirituelles d'une grande intensité. L'endroit où elle entreprit ces austérités devint sacré et fut baptisé Vrindavan.

Une légende du Brahma Vaivraata Purana raconte que la déesse Lakshmi descendit sur Terre pour prendre part au jeu divin et aider les Dieux à renverser un puissant démon. Elle naquit le jour de la pleine lune du mois de Kartika sous les traits de la fille du roi Dharmadhwaja. Inspirés par sa beauté extraordinaire et ses qualités divines, les sages L'appelèrent Tulasi c'est-à-dire 'l'Incomparable'.

Dès sa naissance, Elle pratiqua des austérités d'une grandé sévérité pour se rendre digne de devenir l'épouse de Krishna. Mais elle était vouée à épouser Shankhacuda, un ancien dévot très proche de Krishna qu'une malédiction avait condamné à descendre sur Terre sous la forme d'un démon. Shankhacuda s'était lui aussi adonné à des austérités pour parvenir à épouser la sainte

Tulasi. Pour accomplir cette destinée, Tulasi l'épousa. Telle était la force de la pureté et de la chasteté que Tulasi donnaient à Shankhasuda qu'il devint invincible au combat. Alors, son ego enfla et le conduisit à entrer en guerre contre les pacifiques *dévas* (demi-dieux).

Les dévas se rendirent auprès du Seigneur Vishnou pour implorer son aide. Le Seigneur promit de les aider à restaurer l'harmonie. Il savait que ce faisant, il libèrerait du même coup Shankhasuda de l'illusion qui le maintenait prisonnier de sa forme démoniaque tout en exauçant le désir sincère de Tulasi. Le Seigneur Vishnou prit la forme de son époux pour s'approcher de Tulasi. Croyant qu'il s'agissait de Shankhasuda, Tulasi L'accueillit et sa chasteté fut un instant ébranlée. Les dévas en profitèrent pour renverser Shankhasuda. Au même moment, Shankhasuda fut délivré de la malédiction et se fondit en son Seigneur.

Quand Tulasi se rendit compte de ce qui s'était passé, Elle accusa le Seigneur Vishnou d'avoir un cœur de pierre et déclara qu'il mériterait d'être pétrifié sur place. Rendant hommage à sa pureté et à sa dévotion, le Seigneur se rendit volontiers à Ses paroles. A la suite de quoi, il promit de revenir sur Terre sous la forme du Shaligrama shila. Les

Shaligrama silas sont des pierres sacrées qui se trouvent exclusivement dans le lit de Gandaki, la rivière qui coule dans les Himalaya, entre le sommet du Dhaulagiri et les Annapurna.

Il accorda à Tulasi la grâce de demeurer à tout jamais avec Lui et d'être sa bien-aimée au royaume spirituel. Il décida ensuite que, pour œuvrer au bénéfice de la création, Tulasi prendrait la forme d'une plante sacrée qui puisse conférer la pure dévotion à tous les êtres.

Le Seigneur Vishnou dit à Tulasi: « Les feuilles de cette plante seront considérées comme étant absolument sacrées dans la totalité des trois mondes, on les utilisera dans toutes les *pujas* (cérémonies d'adoration) qui seront faites en mon honneur. Toutes les rivières sacrées demeureront aux pieds de Tulasi. Partout où Tu seras cultivée, le lieu sera purifié et sanctifié. Tous les Dieux demeureront à Tes pieds sacrés guettant la chute de la moindre de Tes feuilles. L'offrande d'une seule feuille de Tulasi me plaira plus que les offrandes d'innombrables pierres précieuses et d'eaux sacrées (87). »

On raconte que le corps même de Tulasi devint la rivière Gandaki et que sa belle chevelure engendra les plantes sacrées qui portent son nom. Encore aujourd'hui, les dévots se rendent en pélerinage dans les gorges de la rivière Gandaki pour y ramasser le *Shaligrama shila*. Ils utilisent des feuilles sacrées de Tulasi pour les rituels dédiés à ces pierres saintes.

Les histoires racontées dans les Puranas ont toujours une signification profonde cachée. Parce que Tulasi avait mené une vie pure et vertueuse de profonde dévotion et désiré Dieu ardemment, le Seigneur lui fit la grâce de l'affranchir de l'attachement, des obstacles et des servitudes du monde. Sa manière de s'en remettre à Dieu et de se soumettre firent d'Elle un instrument au service du bien suprême de tous. A la fin, ses prières sincères furent exaucées par le Seigneur.

Comme dans cette légende, quelquefois nous nous méprenons sur les desseins du Divin, nous en venons même à accuser Dieu. Pourtant dans son éternelle compassion, le Seigneur nous accorde son pardon et transforme sans cesse les difficultés de la vie en bénédictions. Le Seigneur sanctifia Tulasi pour que, grâce à Son propre sacrifice, Elle puisse S'offrir à la création tout entière. C'est ainsi qu'Elle devint pour toujours Son inséparable bien-aimée.

Le mot Tulasi vient du mot *thula* qui signifie 'élever'. Tulasi a la réputation de nous hisser à côté du Seigneur. Ce mot a une seconde signification: 'balance pour mesurer le poids'. *Thula saadhrusyam* signifie 'qui ressemble à une balance au point d'équilibre' et renvoie à l'état d'équanimité. Une légende célèbre raconte comment on mit un jour Krishna sur l'un des deux plateaux d'une balance tandis que l'on avait mis une montagne d'or de l'autre côté : pourtant la balance continuait à pencher du côté de Krishna. A ce moment-là, Rukmini, l'épouse du Seigneur déposa seulement une feuille de Tulasi sur le second plateau et cela suffit à rétablir l'équilibre. De cette manière, Tulasi révéla qu'une toute petite chose, pourvu qu'elle soit offerte avec amour et dévotion est plus importante aux yeux du Seigneur que tout l'or du monde.

Une autre légende établit un lien entre Tulasi et la naissance de Dévi Bhu. La Déesse Maha Lakshmi naquit sur Terre dans un beau jardin de Tulasi. Le sage éveillé Markandeya découvrit le minuscule bébé déesse au pied d'un Tulasi. Il L'appela Dévi Bhu, ce qui signifie 'de la Terre' et l'éleva comme sa propre fille. Elle devint une belle demoiselle. Un jour, le Seigneur Vishnou vint sur Terre et Se déguisa en vieillard pour demander Dévi Bhu en mariage. Au début Markandeya se montra réticent, mais enfin, il lui fut révélé que le vieil homme à qui il donnait sa fille en mariage n'était autre que le Seigneur Vishnou. Après avoir épousé Dévi Bhu, le Seigneur promit de demeurer à tout jamais dans le jardin sacré de Tulasi. Thiruvinnagaram, un célèbre temple considéré comme l'une des 108 demeures de Seigneur Vishnu existe toujours en ce lieu sacré.

Il y a une histoire similaire dans la biographie d'Andal, célèbre sainte tamoule et divine poétesse. Il était une fois un humble brahmane qui répondait au nom de Vishnucitta et habitait près de Madurai. Chaque jour, il cueillait des fleurs pour les offrir au Seigneur. Un jour, il découvrit un adorable bébé fille allongé sous un Tulasi sacré dans son jardin de fleurs. Croyant que la Grâce divine lui accordait un bébé, il la nomma Godai, ce qui signifie 'don de la Mère Terre'. La jeune Godai fit preuve d'une dévotion intense pour le Seigneur. Elle s'imaginait qu'elle était l'épouse du Seigneur et se parait toujours des guirlandes de fleurs qui avaient été préparées à Son intention. Vishnucitta ne comprenait pas les manières étranges de Sa fille. Une nuit au cours d'un rêve très puissant, le Seigneur lui révéla combien la dévotion de Godai lui était agréable.

Il dit à Vishnucitta qu'il n'accepterait plus que les guirlandes portées par Godai. Vishnucitta comprit que sa fille aimait Dieu d'un amour si pur et si intense que le Seigneur désirait sa compagnie. A partir de ce jour, on lui donna le nom de Andal, la petite fille qui règne sur le Seigneur.

En grandissant, elle composa des poèmes d'une dévotion si émouvante qu'on les lit encore aujourd'hui. A l'âge de 15 ans, pendant une cérémonie au cours de laquelle elle fut mariée à sa déité bien-aimée, le Seigneur Ranganath, Andal se fondit dans un brasier de lumière dans le Saint des Saints du temple. Aujourd'hui le jardin de Tulasi sacré dans lequel on trouva Andal est conservé intact à Srivilliputtur ainsi qu'un temple dédié à cette sainte divine.

Le Tulasi est révéré comme un moyen puissant d'atteindre *bhakti* (la pure dévotion). Dans la Srimad Bhagavatam, une histoire raconte que le Tulasi a le pouvoir d'éveiller la *bhakti* dans nos cœurs. Les quatre Khumaras étaient les fils du Seigneur Brahman, l'aspect sans forme de Dieu. Puisqu'ils suivaient la voie spirituelle de la sagesse et de la connaissance, *bhakti* ne les intéressait pas du tout. Les narines des Kumaras frémirent au passage de la brise imprégnée du safran et des feuilles de Tulasi qui avaient caressé les pieds sacrés du Seigneur Krishna aux yeux de lotus : son parfum pénétra leur cœurs. Leurs corps et leurs cœurs se transformèrent, malgré leur prédilection pour la connaissance de Brahman l'impersonnel. (Canto 3, Chapitre 15, Srimad Bhagavatam.) Le simple fait de respirer l'odeur du Tulasi avait transformé les quatre Kumaras en purs dévots au service du Seigneur Krishna.

Il y a une belle histoire dans le Sri Garga Samathi qui raconte comment la sainte Radha, la bien-aimée de Krishna rendait hommage au Tulasi. L'histoire raconte que Radha emmena le Tulasi sacré au milieu d'une forêt. Dans sa grande dévotion, elle avait fait vœu de L'adorer sept mois durant. Ayant accompli son vœu, Radha avait obtenu une vision de la belle Tulasi. La déesse aux quatre bras était descendue du ciel pour L'étreindre. Radha demanda à Tulasi de lui accorder une dévotion suprême et pure pour les pieds de lotus du Seigneur Krishna. Tulasi lui fit la grâce de combler ce vœu. Cette histoire montre combien Tulasi est digne de foi puisqu'elle a le pouvoir d'octroyer la dévotion absolue à Radha, celle en qui on reconnaît l'incarnation de l'amour désintéressé pour le Seigneur.

Louanges à la gloire de Dévi Tulasi dans les Écritures

Dans les Textes Sacrés, d'innombrables poèmes font la liste interminable des vertus de Dévi Tulasi. Voici quelques strophes qui illustrent le profond respect qu'inspirent l'amour pur et les pouvoirs de guérison dont Elle est douée.

« Le simple fait de regarder Tulasi ôte tous nos pêchés. Le simple fait de la toucher purifie nos corps. Si on Lui adresse nos prières, Elle guérit toutes les maladies. Celui qui L'arrose ou La mouille ne craint plus Yamaraja (personnification de la mort). Celui qui la plante ou la repique réussit à s'approcher du Suprême. Celui qui offre du Tulasi aux pieds de lotus du Seigneur Krishna, Tulasi lui accorde la libération et la dévotion. Je fais donc humblement acte d'obéissance envers la merveilleuse Déesse Tulasi. »

– Hari Bhakti Vilasa, 9/104, extrait de Skanda Purana, 3000 BC

« Le Tulasi est bénéfique à tous égards. Le simple fait de Le voir, de Le toucher, d'en évoquer le souvenir, de Lui adresser des prières, de s'incliner devant Lui, d'entendre

Son nom, d'en semer des graines procurent immanquablement des bienfaits. Quiconque entre en contact avec le Tulasi par l'un des moyens cités précédemment, demeure à tout jamais dans le Vaikuntha (monde spirituel). »

– Bhakti Rasamrita Sindhu extrait de Skanda
Purana

Partout où le vent fait flotter le parfum du Tulasi, celui-ci purifie l'atmosphère et délivre tous les animaux de leurs viles tendances.

– Padmapurana, Uttarakhanda

« Les demeures qui possèdent un pied de Tulasi deviennent des lieux de pèlerinage, ni la maladie, ni les messagers de Yama (dieu de la mort) ne peuvent y pénètrer. »

– Skandapurana 2, 4, 8, 13 Padmapurana,
Uttarakhanda

Amma raconte l'histoire du Tulasi et du Lotus

« Au printemps, par une nuit de pleine lune, le Seigneur Krishna vint danser avec les gopis. Les gopis étaient les bien-aimées du Seigneur Krishna.

Entouré des gopis, vêtu d'une tunique en soie jaune, une plume de paon piquée dans ses cheveux bouclés, une guirlande de feuilles de Tulasi autour du cou et un lotus à la main, Krishna resplendissait comme la pleine lune brille au milieu des étoiles. Ils dansèrent jusqu'à l'aube. Epuisées, les gopis finirent par s'asseoir en cercle autour de Krishna.

Une gopi demanda alors:

''Seigneur, bien qu'il y ait tant de belles fleurs parfumées à Vrindavan, cher Seigneur, pourquoi aimes-tu tant le Tulasi et le Lotus?

– Ce ne sont pas des fleurs comme les autres. Ce sont les fleurs du sacrifice de soi, répondit Krishna.

– Pourquoi dit-on que ce sont les fleurs du sacrifice de soi? demanda la gopi.»

Krishna répondit en leur racontant l'histoire du Tulasi et du Lotus.

« Il était une fois une petite motte de terre et une feuille sèche qui jouaient à cache-cache. Tandis qu'elles jouaient, une fleur de jasmin portée par le vent vint vers elles en tourbillonnant. « Où vas-tu? » lui demandèrent-elles. « Vous n'êtes pas au courant? » dit la fleur de jasmin. « Le Seigneur va passer par ici. Il

suffit que l'on se couche sous ses pas et qu'il nous frôle du pied pour atteindre la libération. C'est ce que je vais faire. »

Sans attendre une seconde de plus, la petite fleur s'en alla, emportée par le tourbillon.

La petite motte de terre et la feuille sèche se dirent:

« Pourquoi n'en faisons-nous pas autant ? Allons attendre sur le chemin! Qui sait si une telle occasion se représentera?» Alors elles allèrent se placer sur le passage du Seigneur. Bientôt une gopi arriva et balaya la feuille sèche en disant:

« Je viens juste de balayer cet endroit et regardez, il y a de nouveau une feuille sèche ! » Puis une autre gopi chassa la motte de terre d'un coup de pied en disant:

« Je viens juste d'étaler du sable propre sur le chemin. D'où vient cette motte de terre? »

Les pauvres! A qui la petite motte de terre et la feuille sèche pourraient-elles confier leurs tourments? Elles ne peuvent compter que sur le Seigneur, mais si c'est tout ce qui leur arrive lorsqu'elles essaient de l'entrevoir, alors à qui pourraient-elles demander de l'aide?

La motte de terre déclara:

« *Personne ne nous aime. Partout où nous allons, on nous trouve sales et inutiles. A quoi bon vivre, si nous ne sommes qu'un fardeau inutile pour notre Mère Terre? Mieux vaut prier pour renaître sous la forme d'une fleur ou d'un grain de sable sur le chemin du Seigneur et mettre un terme à notre vie.* »

Mais la feuille sèche lui répondit:

« *C'est à cause de notre karma que notre naissance a été inutile. Mais malgré tout, nous avons eu la chance d'entendre parler du Seigneur Krishna. Alors il vaut mieux que nous utilisions la vie que Dieu nous a donnée pour servir à quelqu'un avant de mourir. De cette façon, au moins, la prochaine fois nous pouvons espérer obtenir une meilleure naissance.* »

Tandis qu'elles ressassaient leurs tourments, midi arriva et le soleil devint brûlant. Mais ceux qui se consument dans le feu de leur chagrin ne sentent pas du tout la chaleur du soleil. Soudain, elles entendirent quelqu'un pleurer. Elles aperçurent une graine noire.

« *Qui es-tu? Pourquoi pleures-tu? demanda la motte de terre.*

--Je suis une graine de Lotus et je vais mourir à cause du soleil. Si seulement quelqu'un

pouvait me pousser dans la mare, je serais sauvée !

--Moi, au contact de l'eau, répliqua la motte de terre, je vais me dissoudre dans le néant, mais tant pis, parce que toi au moins tu seras sauvée. Si je peux au moins servir à cela! »

Et la petite motte de terre prit la graine et roula dans la mare.

Après le départ de son amie inséparable, le chagrin de la feuille sèche redoubla. Soudain, elle entendit un petit sanglot. Elle ne voyait rien, mais comme les sanglots continuaient, elle regarda de plus près et vit une graine, encore plus petite qu'une graine de moutarde.

« Pourquoi pleures-tu? demanda la feuille.

--Je suis une graine de Tulasi. Je suis sur le point de mourir à cause du soleil. J'implore Dieu et je le supplie de me donner un peu d'ombre, répondit la graine.

--Oh, laisse-moi t'aider! dit la feuille sèche.»

Et elle couvrit la minuscule graine de Tulasi.

La feuille ne bougea pas et protégea la graine du soleil, du vent, de la neige et de la pluie avant d'être réduite en poussière.

Le Seigneur Krishna termina l'histoire en disant aux gopis:

« Mes bien-aimées, quand je vois le Tulasi et le Lotus, je me rappelle le sacrifice de la motte de terre et de la feuille sèche. C'est le sacrifice consenti en secret par ceux que le monde considère comme inutiles et insignifiants, qui parfume les fleurs. C'est ce qui fait la beauté de la terre. Comme la petite motte de terre et la feuille sèche, nous avons tous le sentiment du 'Je' et du 'Mien'. Partout où elles vont, on les juge impures et indésirables. C'est à cause de cet ego et de l'attachement que nous nous sentons rejetées. C'est à cause de ce sentiment du 'Je' et du 'Mien' que nous ne ressentons jamais la présence de Dieu. Quand nous serons capables de détruire cet ego et cet attachement pour adoucir la peine d'autrui, nous deviendrons les bien-aimés de Dieu. Nous ne pourrons jamais plus être séparés de Dieu.

La petite motte de terre, c'est une masse dure et compacte de *vasanas* (tendances négatives), dépourvue de l'humidité de la gentillesse et de la considération. Au contact de l'eau de l'amour et de la dévotion, elle se dissout dans le néant. C'est seulement à ce moment-là que s'épanouissent les fleurs du désintéressement. De même, la feuille sèche représente les feuilles mortes du passé. Quand cette feuille est réduite à néant, elle se transforme en engrais pour les fruits mûrs du moment présent. »

La graine de Tulasi et la graine de Lotus symbolisent les graines de l'éveil spirituel qui sont en nous. Comme le décrit Amma, quand nous cultivons le désintéressement, et que nous faisons fondre nos tendances négatives, nous permettons à ces graines de s'enraciner. Le Tulasi sacré, en qui l'on adore la préférée du Seigneur et le Lotus pleinement épanoui sont de beaux symboles du lien intime qui nous unit au divin. Il est à la portée de tous de ressentir ce lien. Pratiquer le sacrifice de soi, faire preuve d'humilité et vivre dans l'instant présent sont quelques-uns des moyens qu'Amma nous donne pour nous apprendre à grandir et à sentir que nous ne faisons vraiment qu'un avec Dieu.

Chapitre 9

Cultes et rituels traditionnels

« *La relation qui existe entre l'humanité et la Nature ressemble à celle qui existe entre Pindanada (le Microcosme) et Brahmanada (le Macrocosme). Nos nobles ancêtres l'avaient compris. C'est pour cette raison qu'ils accordaient tant d'importance au culte de la Nature dans le cadre des pratiques religieuses. Le seul but de toutes ces pratiques religieuses était d'établir un lien très fort entre les êtres humains et la Nature. En créant un lien d'amour entre la Nature et l'humanité, ils garantissaient à la fois l'équilibre de la Nature et le progrès de la race humaine... [Les Anciens] savaient que les arbres, les plantes et les animaux étaient tous nécessaires au bien-être des hommes. Ils avaient prévu que, dans des périodes d'égoïsme, l'humanité oublierait la Nature et cesserait de s'en préoccuper. Ils savaient aussi que les générations futures souffriraient d'être coupées de la Nature. Ils reliaient donc chaque rite religieux à la*

Nature. De cette manière, ils réussirent à créer un lien émotionnel entre l'humanité et la Nature. Les Anciens aimaient les arbres et les plantes et leur rendaient un culte ; ils adoraient le Tulasi, le banian et le bilva, non pas en raison des fruits qu'ils donnaient ou du profit qu'ils pouvaient en tirer mais plutôt parce qu'ils savaient qu'eux-mêmes, en vérité, ne faisaient qu'un avec toute la Nature. »

— Amma

Amma dit que le culte traditionnel rendu au Tulasi, en tant qu'incarnation de la Déesse, est une pratique puissante qui contribue à restaurer l'harmonie entre l'humanité et la Nature. La *puja* (cérémonie rituelle) à Tulasi est un symbole de l'adoration de Mère Nature tout entière. Amma recommande d'allumer une lampe devant Dévi Tulasi de bonne heure le matin et d'en faire plusieurs fois le tour. Le principe de base de ce rituel est le suivant : si nous contemplons le divin au travers de ces plantes, nous pourrons reconnaître et honorer le Divin dans tous les aspects de la création. En apprenant à aimer et à révérer Mère Nature, chacune de nos actions sera alors guidée par cette conscience, nous amenant à la protéger et à nous en occuper.

Par respect pour son caractère sacré, on plante traditionnellement le Tulasi à l'entrée de la maison ou du temple dans une petite structure surélevée appelée « Tulasi *matham* ». Des symboles spirituels ou des déités sont souvent sculptées sur chacun des quatre côtés de ce « Tulasi *matham* ». Beaucoup ont une petite niche pour une petite lampe à huile. Quelquefois les familles cultivent plusieurs pieds de Tulasi ensemble, ce qui crée une forêt sacrée miniature appelée « Tulasi *vana* » ou « Tulasi *Vrindavan* ». En général, c'est la maîtresse de maison qui accomplit le rituel du Tulasi et invoque la Déesse Mère pour qu'elle accorde la dévotion, la guérison, la pureté, la protection et la prospérité à la maisonnée. Ce rituel s'effectue en plusieurs étapes: d'abord on allume la lampe, ensuite on offre de l'eau, on répète les mantras, on chante, puis on déambule autour du Tulasi et enfin on se prosterne devant Lui.

Le Tulasi inspire tant de respect qu'on utilise ses branches ligneuses pour tailler des perles de prières et fabriquer des colliers ou des malas de 108 perles. On utilise ces malas pour le *japa* (récitation des mantras) et pour protéger, guérir ou donner de l'énergie spirituelle.

Le « Tulasi *vivaha* » encore appelé « Tulasi *kalyanam* », c'est-à-dire le mariage de Tulasi au Seigneur Vishnou, est l'un des plus beaux rites traditionnels du culte du Tulasi. Le Seigneur Vishnou est représenté par le *Shaligrama shila* (pierre sacrée) ou sous les traits de Krishna. La plante et son pot sont parés d'une jupe, de bijoux et de guirlandes. On répète d'anciens mantras en nouant des fils en symbole de leur union. On échange des guirlandes et on offre du lait et des fleurs. Cette cérémonie est empreinte d'autant de vénération et de grâce qu'un vrai mariage. En général, cette cérémonie sacrée en l'honneur du couple divin a lieu au onzième jour de la lune montante du mois de Kartika, qui tombe en Octobre selon le calendrier lunaire. En général, la cérémonie se poursuit pendant cinq jours pour s'achever le jour de la pleine lune. C'est un jour faste qui marque tous les ans le début de la saison des mariages pour les hindous.

« *Tout est empreint de Conscience. C'est cette Conscience qui maintient le monde et toutes ses créatures. La religion conseille de voir Dieu*

*en tout et de tout adorer. Ce genre d'attitude
nous apprend à aimer la Nature. »*

— Amma

On vénère le Tulasi tôt le matin, après la toilette.

On récite les mantras ci-dessous. On peut réciter
les mantras ou les chanter sur n'importe quel air
de son choix. La tradition veut que l'on allume
une lampe. On s'incline devant Dévi Tulasi et

on récite la prière du début, le « *Tulasi Pranamma Mantra* ». Ensuite on offre de l'eau et on fait le tour du Tulasi trois ou quatre fois tout en récitant le « *Tulasi Pradakshina Mantra* ».

En plus de la récitation de ces mantras, les *vaishnavites* font « l'*Arati au Tulasi* ». Ils allument du camphre qu'ils présentent à Tulasi en balançant la flamme au son de cloches tout en chantant un hymne spécial. Ce rituel signifie que l'on s'offre au Divin. Les *vaishnavites* adorent Tulasi au temple et les dévots font le tour du Tulasi en chantant et en dansant. Les dévots pratiquent ce culte avec beaucoup de ferveur. Le Seigneur Krishna est toujours représenté avec une guirlande de Tulasi autour du cou et le Tulasi a toujours sa place parmi les offrandes consacrées.

Le Tulasi a de puissantes vertus médicinales, on peut donc en manger au moins une ou deux feuilles par jour pour profiter de ses bienfaits au niveau tant physique que spirituel. Les feuilles de Tulasi peuvent se consommer fraîches ou se conserver dans un verre d'eau placé sur un autel ou au soleil. Selon une ancienne tradition encore respectée de nos jours dans les temples et les foyers, on met quelques feuilles de Tulasi dans « *tirtha* » (de l'eau bénite).

Le Tulasi fait partie des huit objets de culte qui participent à la consécration du pot d'eau bénite appelé le *kalasa*. Cette eau bénite est offerte à Dieu pendant la cérémonie avant d'être consommée en *prasad*. On appelle *prasad* toutes les offrandes faites à Dieu et qui reviennent au dévot, une fois bénies par Dieu. On dit que boire de l'eau bénite nous élève sur le plan spirituel tout en délivrant le corps de la maladie. Beaucoup pensent que sans la présence de feuilles de Tulasi, l'offrande et le *prasad* restent tous deux incomplets.

Traditionnellement, on cueille les « *manjaris* » (fleurs de Tulasi) et les feuilles pour les offrir à Dieu. Ne cueillez pas plus de feuilles qu'il n'en faut pour le culte. Amma a dit:

> « *Quand nous comprenons que tout est une seule et même conscience, la compassion s'éveille et nous souhaitons sincèrement aider et protéger tout le monde. A ce stade, nous n'aurons même plus envie de cueillir une feuille inutilement.* »

La puja exceptionnelle qui suit est d'une grande beauté. D'une grande profondeur, elle exprime une forte dévotion pour Tulasi vue comme la Mère Divine de l'Univers.

Tulasi Pranamma Mantra

Vrindayai Tulasi-devyai
Priyayai keshavasya cha
Vishnu-bhakti-prade devi
Satya-vatyai namo namah

J'offre mes prières à Devi Tulasi
Qui est très chère au Seigneur Krishna.
Ô Déesse, Toi qui accordes la dévotion
Et possèdes la vérité suprême.

Tulasi Pradakshina Mantra

Yani kani cha papani
Brahma-hatyadikani cha
Tani tani pranasyanti
Pradakshina pade pade

Par la circumambulation
autour de Devi Tulasi
tous les péchés que l'on a commis
à chaque pas sont détruits.

Puja à Tulasi

śrī mahā-deva uvāca
Ainsi parla Notre Seigneur Béni:

dhyāyec ca tulasīṁ devīṁ śyāmāṁ kamala-
locanām
prasanna-padma-kalhāra-varābhaya-
caturbhujām
Méditons sur Dévi Tulasi dont le teint est sombre,
qui a des yeux de lotus, quatre bras bienfaisants,
qui tient le lotus et le nénuphar, qui fait deux
gestes, celui d'accorder des bénédictions et celui
de donner le courage.

kirita-hāra-keyūra-kumalādi-vibhūsitām
dhavalāmsuka-samyuktām padmāsana-
nisedusim
Méditons sur Dévi Tulasi parée d'une couronne,
d'une guirlande, de bracelets et de pendants
d'oreilles; vêtue de blanc et assise dans la posture
du lotus.

devi trailokya-janani sarva-lokaika-pāvani
āgaccha bhagavatyatra prasīda tulasi
drutam
Ô Dévi! Mère des trois mondes, qui purifie tous
les mondes, Déesse Tulasi, viens!

**sarva-deva-maye devi sarvadā viṣṇu-vallabhe
ratna-svarṇa-mayaṁ divyaṁ gṛhāṇāsanam
   avyaye**

Ô Dévi! Éternelle bien-aimée de Visnu, Incarnation de tous les Dieux, accepte ce trône divin et impérissable fait de diamants et d'or.

**sarva-deva-mayākāre sarva-deva-namo 'stute
pādyaṁ gṛhāṇa deveśi tulasi tvaṁ prasīda
   me**

Tulasi! Toi qui gouvernes tous les Dieux, Toi dont la forme est celle de tous les Dieux, puissent tous les Dieux te rendre hommage! S'il te plaît, bénis-moi et accepte cette eau pour Tes pieds.

**sarva-deva-mayākāre sarvāgama-nisobhite
idam arghyaṁ gṛhāṇa tvaṁ devi
   daityāntaka-priye**

Dévi! Toi dont la forme est celle de tous les Dieux, Toi qui rayonnes de tous les Védas, et qui es la bien-aimée de Vishnou, Toi qui détruis les démons, puisses-Tu accepter cette eau pour Tes mains.

**sarva-lokasya rakṣārthaṁ sadā saṁnidhi-
   kāriṇi
gṛhāṇa tulasi prītyā idam ācamanīyakam**

Ô Tulasi! Toi qui es toujours là pour protéger le monde entier, s'il te plaît accepte de boire une gorgée de cette eau.

gaṁgādibhyo nadībhyaśca samānītam idaṁ jalam
snānārthaṁ tulasi svacchaṁ prītyā tat pratigṛtdyatām

Ô Tulasi! S'il te plaît accepte de te baigner dans cette eau claire puisée dans des rivières semblables au Gange.

kṣiroda-mathanodbhūte candra-lakṣmī-sahodare
gṛtdyatām paridhānārtham idaṁ kṣaumāṁbaraṁ śubhe

Ô toi, qui est Propice! Toi qui te manifestas au moment du barattage de l'océan de lait et qui es la sœur de la Lune et de Lakshmi, s'il te plaît, accepte de porter ce vêtement de soie.

śrī-gaṁdhaṁ kuṁkumaṁ divyaṁ karpūrāgaru-saṁyutam
kalpitaṁ te mahā-devi prītyarthaṁ pratigṛtdyatām

Ô Grande Dévi! S'il te plaît, accepte ce kum-kum divin, l'encens, le parfum, le camphre et l'aloès, préparés pour Ton plaisir.

nīlotpalaṁ tu kalhāra-mālatyādīni śobhane
padmādi-gaṁdhavaṁtīni puṣpāṇi
   pratigṛtdyatām

Ô Toi qui es d'une grande beauté ! S'il te plaît,
accepte ces fleurs au parfum de lotus, le lotus bleu,
le nénuphar et le jasmin.

dhūpaṁ gṛhāṇa deveśi mano-hāri
   sa-guggalam
ājya-misraṁ tu tulasi bhaktābhiṣṭa-
   pradāyini

Ô Toi qui es d'une grande beauté! Toi qui gouvernes tous les Dieux! Tulasi! S'il te plaît, accepte
ce mélange d'encens, de 'guggala' (sève des arbres)
et de ghee, toi qui exauces les souhaits des dévots.

ajñāna-timirāṁdhasya jñāna-dīpa-pradāyinī
tvayā tu tulasi pritā dīpo 'yaṁ
   pratigṛtdyatām

Tulasi! Toi qui donnes la lampe de la Connaissance qui disperse les ténèbres de l'Ignorance, s'il
te plaît, accepte cette lampe.

namaste jagatāṁ nāthe prāṇināṁ priya-
   darśane
yathā-śakti mayā dattaṁ naivedyaṁ
   pratigṛtdyatām

Salutations à Toi qui gouvernes l'univers! Toi qui es agréable à toutes les créatures, s'il te plaît, accepte ce naivedyam (offrande de nourriture) que je t'offre selon mes moyens.

namo bhagavate śreṣṭhe nārāyana-jagan-maye
tulasi tvarayā devi pānīyam pratigṛtdyatām

Ô Dévi Tulasi! Salutations à Toi, très grande Déesse, qui es à la fois le Seigneur Vishnou et l'univers. Vite, accepte de boire cette eau.

amṛte mṛta-sambhūte tulasyamṛta-rūpiṇi
karpūrādi-samāyuktam tāmbūlam pratigṛtdyatām

Ô Tulasi! Toi dont la nature est immortelle, qui es immortelle et qui pourtant te manifestes à partir de ce qui est mortel, s'il te plaît accepte cette pâte de bétel et de noix à mâcher et cette offrande de camphre.

dakṣiṇā dakṣiṇa-kare tvad-bhaktānām priyam-kari
karomi te sadā bhaktyā viṣṇu-kānte pradakṣiṇām

Ô Toi qui es agréable aux dévots, de la main droite, je t'offre une dakshina (offrande d'argent) avec une dévotion constante. Ô bien-aimée de Vishnou, je te dédie cette circumambulation.

**namo namo jagad-dhatryai jagad-ādyai
  namo namaḥ
namo namo jagad-bhūtyai namaste
  parameśvari**

Salutations! Salutations à la protectrice de l'univers!

Salutations! Salutations, à la source de l'univers!

Salutations! Salutations, à l'incarnation de l'univers!

Salutations à Toi, Suprême Déesse!

Dans l'Hindouisme, la sadhana (pratique spirituelle) qui consiste à chanter les multiples noms sacrés du Divin représente un aspect essentiel de la prière et du culte quotidiens. De nombreuses formes de Dieu sont louées par un hymne à 108 noms décrivant leurs qualités uniques et divines. On peut ainsi prier Dévi Tulasi en récitant Ses huit noms sacrés et Ses 108 noms.

Les huit noms sacrés de Dévi Tulasi

Vrindavani: Celle qui se manifesta pour la première fois dans la forêt de Vrindavana.

Vrinda: Celle qui est la déesse de toutes les plantes et de tous les arbres.

Visvapujita: Celle qui est adorée par tout l'univers.

Puspasara: Celle qui est l'essence de toutes fleurs.

Nandini: Celle qui donne la foi et la béatitude à tous.

Krishna-jivani: Celle qui est la vie même et l'âme de Sri Krishna.

Visva-pavani: Celle qui purifie le monde entier.

Tulasi: Celle qui est incomparable.

Les 108 noms du Tulasi

Tulasi astottarasata nāmāvaliḥ

1. **Oṁ śrī tulasyai namaḥ**
   Salutations à Sri Tulasi

2. **Oṁ nandinyai namaḥ**
   Salutations à Celle qui rend les autres heureux

3. **Oṁ devyai namaḥ**
   Salutations à Celle qui est Dévi, celle qui rayonne de pouvoirs divins

4. **Oṁ śikhinyai namaḥ**
   Salutations à Celle dont les fleurs ressemblent au shikha (touffe d'herbe sacrée)

5. **Oṁ dhārinyai namaḥ**
   Salutations à Celle qui soutient l'univers

6. **Oṁ dhātryai namaḥ**

Salutations à Celle qui a créé l'univers

7. Oṁ sāvitryai namaḥ

Salutations à Celle qui est Savitri, la Déesse du Soleil

8. Oṁ satyasandhāyai namaḥ

Salutations à Celle qui dit la Vérité

9. Oṁ kālahāriṇyai namaḥ

Salutations à Celle qui détruit le Temps

10. Oṁ gauryai namaḥ

Salutations à Celle qui a la forme de Gauri (l'épouse de Shiva)

11. Oṁ devagītāyai namaḥ

Salutations à Celle qui est le chant des Dieux

12. Oṁ davīyasyai namaḥ

Salutations à Celle qui est très grande

13. Oṁ padminyai namaḥ

Salutations à Celle qui tient le lotus

14. Oṁ sitāyai namaḥ

Salutations à Celle qui a la forme de Sita, la bien-aimée du Seigneur Rama

15. Oṁ rukmiṇyai namaḥ

Salutations à Celle qui a la forme de Rukmini, l'épouse de Sri Krishna

16. Oṁ priyabhuṣaṇāyai namaḥ

Salutations à Celle qui aime les parures

17. Oṁ śreyasyai namaḥ

Salutations à Celle qui est magnifique

18. Oṁ śrīmatyai namaḥ
Salutations à Celle qui possède Sri, le bon auspice

19. Oṁ mānyāyai namaḥ
Salutations à Celle qui est bien respectée

20. Oṁ gauryai namaḥ
Salutations à Celle qui est blanche

21. Oṁ gautamārcitāyai namaḥ
Salutations à Celle qui est adorée par le Sage Gautama

22. Oṁ tretāyai namaḥ
Salutations à Celle qui a la forme du Treta Yuga (l'âge où vécut Sri Krishna)

23. Oṁ tripathagāyai namaḥ
Salutations à Celle qui emprunte les trois voies

24. Oṁ tripādāyai namaḥ
Salutations à Celle qui a trois jambes

25. Oṁ traimūrtyai namaḥ
Salutations à Celle qui a la forme de la tri-murti (Brahma, Vishnu, Shiva)

26. Oṁ jagattrayāyai namaḥ
Salutations à Celle qui a la forme des trois mondes (Bhur, Bhuvah, Suvah)

27. Oṁ trāsinyai namaḥ
Salutations à Celle qui a la forme de la peur

28. **Oṁ gatrāyai namaḥ**
Salutations à Celle dont le corps est divin
29. **Oṁ gatriyāyai namaḥ**
Salutations à Celle qui protège le corps
30. **Oṁ garbhavāriṇyai namaḥ**
Salutations à Celle qui empêche de renaître dans le sein (samsara)
31. **Oṁ śobhanāyai namaḥ**
Salutations à Celle qui est pleine de beauté
32. **Oṁ samāyai namaḥ**
Salutations à Celle qui est établie dans l'équanimité
33. **Oṁ dviradāyai namaḥ**
Salutations à Celle qui voyage à dos d'éléphant
34. **Oṁ ārādyai namaḥ**
Salutations à Celle qui est adorée
35. **Oṁ yajñavidyāyai namaḥ**
Salutations à Celle qui est la connaissance du sacrifice
36. **Oṁ mahāvidyāyai namaḥ**
Salutations à Celle qui est la Connaissance parfaite
37. **Oṁ guhyavidyāyai namaḥ**
Salutations à Celle qui est la Connaissance cachée

38. Oṁ kāmākṣyai namaḥ
Salutations à Celle qui a de beaux yeux attirants

39. Oṁ kulāyai namaḥ
Salutations à Celle qui est Kula (la tradition spirituelle)

40. Oṁ śrīyai namaḥ
Salutations à Celle qui est Sri, le bon auspice

41. Oṁ bhūmyai namaḥ
Salutations à Celle qui est la Terre

42. Oṁ bhavitryai namaḥ
Salutations à Celle qui a la forme de la Création

43. Oṁ sāvitryai namaḥ
Salutations à Celle qui a la forme du mantra de la Gayatri

44. Oṁ sarva-veda-vidām-varāyai namaḥ
Salutations à Celle qui connaît le mieux tous les Védas.

45. Oṁ śamkhinyai namaḥ
Salutations à Celle qui tient la conque et qui est l'épouse du Seigneur Vishnou (Shankin).

46. Oṁ cakriṇyai namaḥ
Salutations à Celle qui tient le disque, Celle qui est l'épouse de Vishnou (Cakrin), Elle qui est la Maya Shakti du Seigneur Vishnou.

47. Oṁ cārinyai namaḥ
    Salutations à Celle qui possède la beauté
48. Oṁ capalekṣaṇāyai namaḥ
    Salutations à Celle qui a de beaux yeux chan-
    geants
49. Oṁ pitāmbarāyai namaḥ
    Salutations à Celle qui est vêtue de jaune
50. Oṁ prīta-somāyai namaḥ
    Salutations à celle qui aime le Soma (le jus
    de la Soma qui est utilisé pour les sacrifices)
51. Oṁ saurasāyai namaḥ
    Salutations à Celle qui est la belle rasa, qui
    est la Béatitude suprême
52. Oṁ akṣiṇyai namaḥ
    Salutations à Celle qui a de beaux yeux
53. Oṁ ambāyai namaḥ
    Salutations à Celle qui est la Mère
54. Oṁ sarasvatyai namaḥ
    Salutations à Celle qui a la forme de Sarasvati
55. Oṁ saṁśrayāyai namaḥ
    Salutations à Celle qui est le Véritable Soutien
56. Oṁ sarva-devatyai namaḥ
    Salutations à Celle qui a la forme de toutes
    les Déités
57. Oṁ visvāśrayāyai namaḥ

Salutations à Celle qui est le Soutien de l'Univers

58. **Oṁ sugandhinyai namaḥ**
Salutations à Celle qui a un bon parfum

59. **Oṁ suvāsanāyai namaḥ**
Salutations à Celle qui a des habits agréables

60. **Oṁ varadāyai namaḥ**
Salutations à Celle qui exauce les vœux

61. **Oṁ suśroṇyai namaḥ**
Salutations à Celle qui possède de belles cuisses

62. **Oṁ candra-bhāgāyai namaḥ**
Salutations à celle qui porte le croissant de lune

63. **Oṁ yamunāpriyāyai namaḥ**
Salutations à Celle qui chérit la rivière Yamuna

64. **Oṁ kāveryai namaḥ**
Salutations à celle qui apparaît sous la forme de la rivière Kaveri

65. **Oṁ maṇikarṇikāyai namaḥ**
Salutations à Celle qui apparaît sous la forme de la rivière Manikarnika

66. **Oṁ arcinyai namaḥ**
Salutations à Celle qui a la forme de l'adoration

67. Oṁ sthāyinyai namaḥ
Salutations à Celle qui ne change pas
68. Oṁ dāna-pradāyai namaḥ
Salutations à Celle qui accorde les dons
69. Oṁ dhanavatyai namaḥ
Salutations à Celle qui possède la richesse
70. Oṁ śocya-mānasāyai namaḥ
Salutations à Celle qui s'occupe des gens
tristes
71. Oṁ śucinyai namaḥ
Salutations à Celle qui est pure
72. Oṁ śreyasyai namaḥ
Salutations à Celle qui est magnifique
73. Oṁ prīti-cintekṣaṇāyai namaḥ
Salutations à Celle qui souhaite que les autres
aient des pensées agréables
74. Oṁ vibhūtyai namaḥ
Salutations à Celle qui est remplie de manifes-
tations divines et de splendeurs divines
75. Oṁ ākrtyai namaḥ
Salutations à Celle qui a une belle forme
76. Oṁ āvirbhūtyai namaḥ
Salutations à Celle qui est manifestée
77. Oṁ prabhāvinyai namaḥ
Salutations à Celle qui possède la Gloire
magnifique

78. **Om̐ gandhinyai namaḥ**
Salutations à Celle qui a un parfum agréable

79. **Om̐ svarginyai namaḥ**
Salutations à Celle qui possède Svarga (le paradis)

80. **Om̐ gadāyai namaḥ**
Salutations à Celle qui est Gada, qui tient une massue, qui est l'épouse du Seigneur Vishnou

81. **Om̐ vedyāyai namaḥ**
Salutations à Celle qui est digne d'être connue

82. **Om̐ prabhāyai namaḥ**
Salutations à Celle qui est la lumière brillante

83. **Om̐ sārasyai namaḥ**
Salutations à Celle qui a la forme du cygne

84. **Om̐ sarasi-vāsāyai namaḥ**
Salutations à Celle qui séjourne dans l'eau, qui est le lotus

85. **Om̐ sarasvatyai namaḥ**
Salutations à Celle qui a la forme de Sarasvati, la Déesse de la Sagesse

86. **Om̐ sāravatyai namaḥ**
Salutations à Celle qui est importante

87. **Om̐ rasinyai namaḥ**
Salutations à Celle qui a un doux arôme

88. **Om̐ kālinyai namaḥ**
Salutations à Celle qui a la forme de Kali

89. **Oṁ śreyovatyai namaḥ**
Salutations à Celle qui possède la grandeur

90. **Oṁ yāmāyai namaḥ**
Salutations à Celle qui a la forme du Temps

91. **Oṁ brahma-priyāyai namaḥ**
Salutations à Celle qui chérit Brahma le Créateur

92. **Oṁ śyamā-sundarāyai namaḥ**
Salutations à Celle qui a le teint sombre et qui est belle

93. **Oṁ ratna-rūpinyai namaḥ**
Salutations à Celle dont la forme se compose de bijoux

94. **Oṁ śama-nidhinyai namaḥ**
Salutations à Celle qui est le trésor du contrôle du mental

95. **Oṁ śatānandāyai namaḥ**
Salutations à Celle qui est la Béatitude Infinie

96. **Oṁ śata-dyutāyai namaḥ**
Salutations à Celle qui est l'éclat infini

97. **Oṁ śiti-kaṇthāyai namaḥ**
Salutations à Celle qui a la gorge fraîche

98. **Oṁ prayāyai namaḥ**
Salutations à Celle qui surpasse tout

99. **Oṁ dhātryai namaḥ**
Salutations à Celle qui est la Protectrice

100. Oṁ śrī vrndāvanyai namaḥ
Salutations à Sri Vrindavani, qui demeure à Vrindavana

101. Oṁ kṛṣṇāyai namaḥ
Salutations à Celle qui est de couleur sombre

102. Oṁ bhakta-vatsalāyai namaḥ
Salutations à Celle qui est chère aux dévots

103. Oṁ gopikā-krīdāyai namaḥ
Salutations à Celle qui s'amuse avec les Gopis

104. Oṁ harāyai namaḥ
Salutations à Celle qui a la forme du Seigneur Shiva

105. Oṁ amṛta-rupiṇyai namaḥ
Salutations à Celle dont la nature est Immortelle

106. Oṁ bhūmyai namaḥ
Salutations à Celle qui est la Terre

107. Oṁ śrī krsṇa-kantāyai namaḥ
Salutations à Celle qui est la bien-aimée de Sri Krishna

108. Oṁ śrī tulasyai namaḥ
Salutations à Sri Tulasi

Chapitre 10

Graines d'espoir

Tulasi nous a été donné en cadeau par la Mère Divine Elle-même. Cette plante bénie nous offre de nombreuses façons de nous réconcilier avec le caractère Divin de la Nature. Dévi Tulasi nous incite à manifester de l'amour désintéressé envers tous les êtres, que ce soit en pensée, en parole et en action.

« La Nature est un immense jardin de fleurs. Les animaux, les arbres, les plantes et les gens sont les fleurs multicolores qui se sont pleinement épanouies dans ce jardin. La beauté de ce jardin n'est parfaite que lorsque tous vivent en harmonie et émettent ainsi des vibrations d'amour et d'unité. Puissent tous nos esprits se fondre dans l'amour. Travaillons ensemble pour éviter que ses fleurs variées ne s'étiolent et œuvrons pour que le jardin garde à tout jamais sa beauté. « Nous ne devons jamais perdre notre force intérieure. Seuls les esprits faibles voient toujours le mauvais côté des choses et sombrent dans la confusion. Les optimistes

voient toujours la lumière de la grâce de Dieu au milieu des ténèbres. Cette lampe de la foi est en nous. Allumez cette lampe; elle nous inondera de lumière à chacun de nos pas. Ne restons pas coincés dans les souvenirs doulou-reux des guerres et des conflits passés. Oubliez l'histoire des sombres rivalités et de la haine et accueillez une nouvelle ère de foi, d'amour et d'unité. Pour y arriver, nous devons travailler tous ensemble. Aucun effort, si petit soit-il ne sera vain. Si une fleur s'épanouit, même une seule, au milieu du désert, au moins, c'est déjà cela. Voilà l'attitude à développer quand nous accomplissons des actions. Nos capacités sont peut-être limitées, mais si nous prenons la rame de l'effort personnel, alors soyons sûr que le vent de la Grâce viendra nous aider à conduire le bateau de notre vie.

La vie est accomplie quand l'humanité et la Nature avancent ensemble, main dans la main, en harmonie. Quand la mélodie et le rythme se complètent, la musique devient belle et agréable à l'oreille. De même, quand les gens vivent en accord avec les lois de la Nature, la vie ressemble à un beau chant. »

– Amma

Puissions-nous œuvrer ensemble à disséminer les graines d'espoir du Tulasi partout dans le monde. Puissions-nous profiter des nombreux trésors que recèle cette plante sacrée.

Hymne à Tulasi

> *Namatulasi kalyani*
> *Namo Vishnu priye shubhe*
> *Namo moksha prade Devi*
> *Namah sampad pradayini*

Salutations à Tulasi, l'Auspicieuse,
Salutations à la bien-aimée du Seigneur Vishnou,
Salutations à la Déesse qui accorde la Libération,
Salutations à Celle qui donne toute prospérité.

Références

1. Kicel A, Kurowska A, Kalemba D. Composition of the essential oil of *Ocimum Sanctum* L. grown in Poland during vegetation. *Journal of Essential Oil Research* Mar/Apr 2005.

2. Singh S, Majumdar DK, Yadav MR. Chemical and pharmacological studies on fixed oil of *Ocimum Sanctum*. *Indian Journal of Experimental Biology* 1996;34(1):212-5.

3. Singh N, Hoette Y, Miller R. Tulasi – The Mother Medicine of Nature. 2002, Lucknow, India, International Institute of Herbal Medicine; ISBN 81-88007-00-5

4. Malviya, BK, Gupta PL. Growth promoting properties of *Ocimum sanctum* Linn. *Indian Journal of Pharmacology* 1971 33(6):126

5. Godhwani S, Godhwani JL, Vyas DS. *Ocimum sanctum*: an experimental study evaluating its anti-inflammatory, analgesic and antipyretic activity in animals. *Journal of Ethnopharmacol* November 1987;1(2):153-63.

6. Singh S, Majumdar DK. Evaluation of anti-inflammatory activity of fatty acids of *Ocimum sanctum* fixed oil. *Indian Journal of Experimental Biology* April 1997;35(4):380-3.

7. Singh S, Majumdar DK. Effect of fixed oil of *Ocimum sanctum* against experimentally induced arthritis and joint edema in laboratory animals. *Pharmaceutical Biology* July 1996;34(3):218-222(5).

8. Lasker S. Clinical trial of an indigenous preparation in osteoarthrosis of knee. *Medical Surgery* 1981;8:21.

9. Dixit, KS, Singh SP, Sinhar KN, Singh N, Kolhli RP. *Inula racemosa* (puskarmul) *Terminalia belerica* (bibhitaka)

Ocimum sanctum (tulsi) – a preliminary clinical trial in asthma patients. *Proc Int Sem Clin Pharmacol Dev Count KGMC Lucknow India* 1986; 2:22-27.

10. Sivarajin VV, Balachandran,I. Tulsi: Ayurvedic Drugs and Their Plant Sources. *Oxford FBH Publishing Co Pvt Ltd* 1994: 485-486.

11. Rajasekaran M, Sudhakaran C, Pradhan, SC, Bapna JS, Nair, AGR. Mast cell protective activity of ursolic acid – a triterpene from the leaves of *Ocimum sanctum* L. *J Drug Dev* 1989;l2(3):179-82.

12. Singh S, Agrawal S. Anti-asthmatic and anti-inflammatory activity of *Ocimum sanctum. Pharmaceutical Biology* 1991; 29(4):306-10.

13. Kumar P, et al. A clinical assessment of changes in cell-mediated immune response induced by gerifort. *The Antiseptic* 1982;10:560.

14. Singh N. A pharmaco-clinical evaluation of some ayurvedic crude plant drugs as anti-stress agents and their usefulness in some stress diseases of man. *Ann Nat Acad Ind Med* 1986;B(1):14-26.

15. Dixit K, Singh N. An assessment of immuno-modulator activity of some anti-stress Indian plants. *Proc Xth Int Cong Pharmacol* 1987;1:265.

16. Singh, SP, Sinha KN, Singh N, Kohli RP. *Inular racemosa* (pushkarmool), *Terminalia belerica* (bibhitaki) and *Ocimum sanctum* (tulsi) – a preliminary trial in asthma patients. *Proc Int Sem Clin Pharmacol Dev* 1986;1:18-21.

17. Rastogi RP, Mehrotra, BN. *Ocimum sanctum.* Compendium of Indian Medicinal Plants. *Publication and information directorate, CSIR, New Delhi* 1995b;4:510.

18. Kelm MA, Nair MG, Strasburg GM, DeWitt DL. Antioxidant and cyclooxygenase inhibitory phenolic compounds from *Ocimum sanctum* Linn. *Phytomedicine* March 2000;7(1):7-13.

19. Gupta S, Mediratta PK, Singh S, Sharma KK, Shukla R. Antidiabetic, antihypercholesterolaemic and antioxidant effect of *Ocimum sanctum* (Linn) Seed Oil. *Indian Journal Experimental Biology* April 2006;44(4):300-4

20. Singh SP, Singh N. Experimental Evaluation of Adaptogenic Properties of *Ocimum sanctum. Indian Journal of Pharmacology* 1978;10:74.

21. Bhargava KP, Singh, N. Anti-stress activity of *Ocimum sanctum* (Linn.) *Indian Journal of Medical Research* 1981; 73:443-451.

22. Singh N, Misra N. Experimental methods – tools for assessment of anti-stress activity in medicinal plants. *Journal of Bio Chemical Research* 1993;12(182):124-127.

23. Misra A, Misra PC, Singh N. Evaluation of ayurvedic herbal drugs on the damage caused by free radicals. *PhD Thesis, Dept of Pharmacology and Therapeutics, KGMC, Lucknow University* 1998.

24. Balanehru S, Nagarajan B. Protective effect of oleanolic acid and ursolic acid against lipid peroxidation. *Biochem Int* 1991;24(5):981-990.

25. Geetha R, Kedlaya DM, Vasudevan DM. Inhibition of Lipid Peroxidation by Botanical Extracts of *Ocimum sanctum*: in vivo and in vitro studies. *Life Sciences* November 2004;76(1): 19,21-28.

26. Arya DS, Nandave M, Ojha SK, Kumari S, Joshi S, Mohanty I. Myocardial salvaging effects of *Ocimum*

sanctum in experimental model of myocardial necrosis: a haemodynamic, biochemical and histoarchitectiral assessment. *Current Science* September 2006;91(5).

27. Sood S, Narang D, Thomas MK, Gupta YK, Maulik SK. Effect of *Ocimum sanctum* Linn. on cardiac changes in rats subjected to chronic restraint stress. *Journal of Ethnopharmacol* Dec 2006;108(3):423-7.

28. Ganasoundari A, Devi PU. Protection against radiation-induced chromosome damage in mouse bone marrow by *Ocimum sanctum*. Mutation Research/Fundamental and *Molecular Mechanisms of Mutagenesis* February 1997;373(2)271-276.29. Ganasoundari A, Devi PU, Rao AR. Enhancement of Bone Marrow Radioprotection and Reduction of WR-2721 Toxicity by *Ocimum sanctum*. *Mutation Research* February 1998;397(2):303-12.

30. Karthikeyan K, Ravichandran P, Govindasamy S. Chemopreventive effect of *Ocimum sanctum* on DMBA-induced hamster buccal pouch carcinogenesis. *Oral Oncology* January 1999; 35(1):112-119.

31. Banerjee S, Prashar R, Kumar A, Rao AR. Modulatory influence of alcoholic extract of *Ocimum* leaves on carcinogen-metabolizing enzyme activities and reduced glutathione levels in mouse. *Nutr-Cancer* 1996;25(2):205-17.

32. Rastogi S, Shukla Y, Paul BN, Chowdhuri DK, Khanna SK, Das M. Protective effect of *Ocimum sanctum* on 3-methylcholanthrene,7, 12 dimethyl benz(a) anthracene and alfatoxin B-1 induced skin tumorigenesis in mice. *Toxicology and Applied Pharmacology* November 2007;224(3,1):228-240.

33. Sharma P, Kulshreshtha S, Sharma AL. Anti-cataract activity of *Ocimum sanctum* on experimental cataract. *Indian Journal of Pharmacology* 1998;30(1):16-20.

34. Gupta, SK, Srivastava S, Trivedi D, Joshi S, Halder N. *Ocimum sanctum* modulates selenite-induced catarctogenic changes and prevents rat lens opacification. *Current Eye Research* July 2005;30(7):583-91.

35. Singh S, Malhortra M, Majumdar DK. Antibacterial activity of *Ocimum sanctum* L. fixed oil. *Indian J Exp Biol* September 2005;43(9):835-7.

36. Patel VK, Bhatt HVK. Folklore therapeutic indigenous plants in periodontal disorders in India. *Int J Clin pharmacol Ther Toxicol* 1988;26(4):176-184.

37. Shokeen P, Ray K, Bala M, Tandon V. Preliminary studies on activity of *Ocimum sanctum*, *Drynaria quercifolia*, and *Annona squamosa* against neisseria gonorrhoeae. *Sex Transm Dis* February 2005;32(2):106-11.

38. Geetha R, Vasudevan DM, Kedlaya R, Deepa S, Ballal M. Activity of *Ocimum sanctum* (the traditional Indian medicinal plant) against the enteric pathogens. *Indian J Med Sci* August 2001;55(8):434-8,472.

39. Gupta, G, Charan S. Antimicrobial and Immunomodulating effects of *Ocimum sanctum* (shyama tulsi) against infectious bursal disease virus infection in chickens as model. *Indian Journal of Comparative Microbiology, Immunology and Infectious Diseases* 2005;26(2).

40. Rajalakshmi G, et al. Role of Tulsi (*Ocimum sanctum*) in viral hepatitis. *J Res Ayur Sid* 1988;9:118.

41. Das, SK, et al. *Ocimum sanctum* (tulsi) in the treatment of viral encephalitis. *The Antiseptic* 1983:1-5.

42. Yamasaki K, et al. Anti-HIV-1 activity of herbs in labiatae. *Biol Pharm Bull* 1998;21(8):829-833.

43. Asha MK, Prahantah D, Murali B, Padmaja R, Amit A. Anthelmintic activity of essential oil of *Ocimum sanctum* and eugenol. *Filtoterapia* August 2001;72(6):669-70.

44. Banu, NJ, et al. S. Mitochondrial malate dehydrogenase and malic enzyme of a filaria worm *setari digitaria*: Some Properties and Effects of Drugs and Herbal Extracts. *Jpn. J. Med. Sci. Biol* 1992;45(3):137-150.

45. Roy, RG, et al. Study on inhalation therapy by an indigenous compound *P. vivax* and *P. falciparum* infections. *Indian Journal Medical Research* 1976;64(10):1451-1455.

46. Gill K, Malik OP, Kalidhar SB, Mishra RC, Malik MS. Honey bee repellent activity of leaf extract and essential oil of *Ocimum sanctum* and isolation of a new compound. *Department of Chemisty and Physics, CCS Haryana Agricultural University, Hisar-125004, India.*

47. Rai V, Iyer U, Mani UV. Effect of tulasi (*Ocimum sanctum*) leaf powder supplementation on blood sugar levels, serum lipids and tissue lipids in diabetic rats. *Plant Foods for Human Nutrition* 1997;50(1):9-16(8).

48. Chattopadhyay RR. A comparative evaluation of some blood sugar lowering agents of plant origin. *Journal of Ethnopharmacology* November 1999;67(3):367-372.

49. Grover JK, Yadav S, Vats V. Medicinal plants of India with anti-diabetic potential. *Journal of Ethnopharmacology* June 2002;81(1):81-100.

50. Rai V, Ficn UV, Mani UM. Effect of *Ocimum sanctum* leaf powder on blood lipoproteins, glycated proteins and total amino acids in patients with non-insulin-dependent

diabetes mellitus. *Journal of Nutritional & Environmental Medicine* June 1997;7(2):113-118(6).

51. Hannan, JMA, Marenah, L., Ali, L., Rokeya, B., Flatt, P.R., Adbel-Waheb, YHA. *Ocimum sanctum* Leaf Extracts Stimulate Insulin Secretion from Perfused Pancreas, Isolated Islets and Clonal Pancreatic ß-cells. *Journal of Endocrinology*, 2006; 189:127-136

52. Agrawal, P., Rai, V., Singh, RB. Randomized Placebo-Controlled, Single Blind Trial of Holy Basil Leaves in Patients with Non-insulin-Dependent Diabetes Mellitus. Int J *Clin Pharmacol Ther*, September 1996;34(9):406-9

53. Hannan, JMA, Marenah, L., Ali, L., Rokeya, B., Flatt, P.R., Adbel-Waheb, YHA. *Ocimum sanctum* Leaf Extracts Stimulate Insulin Secretion from Perfused Pancreas, Isolated Islets and Clonal Pancreatic ß-cells. *Journal of Endocrinology*, 2006;189:127-136

54. Mitra A. Composite of Tulsi leaves, Amla, bitter gourd, gurmur leaves, jamun fruit and seed in type 2 diabetic patients. *Journal of Clinical and Diagnostic Research* December 2007;6:511-520.

55. Singh S, Majumdar DK. Evaluatoin of the gastric anti-ulcer activity of fixed oil of *Ocimum sanctum* (Holy Basil). *Journal of Ethnopharmacology* April 1999;65(1):13-19.

56. Dharmani P, Kuchibhotla VK, Maurya R, Srivastava S, Gautam Palit G. Evaluation of anti-ulcerogenic and ulcer-healing properties of *Ocimum sanctum* Linn. *Journal of Ethnopharmacology* August 2004;93(2-3):197-2006.

57. Singh S, Majumbar DK. Evaluation of gastric ulceractivity of fixed oil of *Ocimum sanctum*. *Journal of Ethnopharmacology* 1999;65:13-19.7.

58. Jalil A., et al. Clinical trial of *Ocimum sanctum* in peptic ulcer and hyperacidity patients. *J Res Ind Med* 1970;4(2):238-239.

59. Prakash P, Gupta N. Therapeutic uses of *Ocimum sanctum* Linn (tulsi) with a note of eugenol and its pharmacological actions: a short review. *Indian Journal of Physiol Pharmacology* 2005;49(2):125-131.

60. Khanna N, Bhatia J. Antinociceptive action of *Ocimum sanctum* (tulsi) in mice: possible mechanisms involved. *Journal of Ethnopharmacology* October 2003;88(2-3):293-29.

61. Bhargava KP, Singh N. Anti-stress activity of *Ocimum sanctum* Linn. *Indian Journal of Medical Research* 1981;73:443-451.

62. Sethi J, Singh S, Sood S, Talwar A, Seth S. Antistressor activity of *Ocimum sanctum* (tulsi) against experimentally induced oxidative stress in rabbits. *Methods Find Exp Clin Pharmacol* 2007;29(6):411.

63. Maity TK, Mandal SC, BP Saha, Pal M. Effect of *Ocimum Sanctum* roots extract on swimming performance in mice. *Phytotherapy Research* 14(2):120-121.

64. Archana R, Namasivayam AA. Comparative study of different crude extracts of *Ocimum sanctum* on noise stress. *Phytotherapy Research* September 2002;16(6):579-80.

65. Sembulingam K, Sembulingam P, Namasivayam A. Effect of *Ocimum Sanctum* Linn on the changes of central cholinergic system inducted by acute noise stress. *Journal of Ethnopharmacol* January 2005;96(3):477-82.

66. Ishida M, Okubo T, Koshimizu K, Daito H, Tokuda H, Kin T, Yamamoto T, and Yamazaki N. Topical preparations

containing ursolic acid and/or oleanoic acid for prevention of skin cancer. *Chemical Abstract* 1990;113,12173y.

67. Joshi H, Parle M. Evaluation of nootropic potential of *Ocimum Sanctum* Linn. in Mice. *Indian J Exp Biol* February 2006;44(2):133-6.

68. Prakash J, Gupta SK. Chemopreventative activity of *Ocimum Sanctum* seed oil. *Journal of Ethnopharmacolgy* September 2001;72(1-2):29-34.

69. Karthikeyan K, Gunasekaran P, Ramamurthy, Govindasamy S. Anticancer activity of *Ocimum sanctum*. *Parmaceutical Biology* October 1999;37(4):285-290(6).

70. Karthikeyan K, Ravichandran, P, Govindasamy S. Chemopreventive effect of *Ocimum sanctum* on DMBA-induced hamster buccal pouch carcinogenesus. *Oral Oncology* July 1999;35(1):112-119.

71. Liu J. Pharmacology of oleanolic acid and ursolic acid. *Journal of Ethnopharmacology* December 1995;49(2):57-68.

72. Devi UP, Nayak V, Kamath R. Lack of solid tumour protection by *Ocimum* extract and its flavonoids orientin and vicenin. *Current Science* May 2004; 86(10):1401-1404.

73. Bhartiya US, Raut YS, Joseph IJ. Protective effect of *Ocimum sanctum* L. after high-dose 131iodine exposure in mice: an in vivo study. *Laboratory Nuclear Medicine Section, Radiochemistry & Isotope Group PMID*: 16924835.

74. Devi PU., Bisht KS, Vinitha M. A comparative study of radioprotection by *Ocimum* flavonoids and synthetic aminothiol protectors in the mouse. *Br J Radiol* July 1998;71(847):782-4.

75. Mediratta PK, Sharma KK, Singh S. Evaluation of immuno-modulatory potential of *Ocimum Sanctum* seed oil and its possible mechanism of action. *Journal of Ethnopharmacology* April 2002;80(1):15-20.

76. Logambal SM, Venkatalakshmi S, Dinakaran MR. Immunostimulatory effect of leaf extract of *Ocimum sanctum* Linn. in oreochromis mossambicus (Peters). *Journal Hydrobiolgia* July 2000;430:1-3.

77. Rastogi S, Shukla Y, Paul BN, Chowdhuri DK, Khanna SK, Das M. Protective effect of *Ocimum sanctum* on 3-methycholanthrene, 7, 12-dimethylbenz(a)anthracen. *Toxical Appl Parmacol* 2007:0

78. Singh S, Rehan HM, Majumdar DK. Effect of *Ocimum sanctum* fixed oil on blood pressure, bloodclotting time and pentobarbitone-induced sleeping time. *J Ethenopharmacol* December 2001;18(2-3):138-43.

79. Halim EM, Mukhopadhyay AK. Effect of *Ocimum Sanctum* (tulsi) and vitamin E on biochemical parameters and retinopathy in streptozotocin induced diabetic rats. *Indian Journal of Clinical Biochemistry* 2006;21(2):181-188.

80. Balanehru S, Nagarajan B. Protective effect of oleanolic acid and ursolic acid against lipid peroxidation. *Biochem Int* July 1999;24(5):981-90

81. Sunanda P, Kar A. *Ocimum sanctum* leaf extract in the regulation of thyroid function in the male mouse. *Pharmacologica Research* August 1998;38(2):107-110.

82. Rajeshwari S. *Ocimum sanctum,* The Indian home remedy. *Current Medical Science* March-April 1992.

83. Batta SK, Santhakumari G. The antifertility effect of *Ocimum sanctum* and *Hibiscus Rosa Sinensis*. *Indian Journal of Medical Research* 1971;59:777-781.

84. Nagarajun S, Jain HC, Aulakh GS. Indigenous Plants Used in Fertility Control. Cultivation and Utilization of Medicinal Plants. Editors: Atal, C.K. and Kapoor, B.M.*(Published by PID CSIR)* 1989: 558.

85. Reghunandana R, Sood S, Reghunandana V, Mehta RM, Singh GP. Effect of *Ocimum sanctum* Linn (tulsi) extract on testicular function. *Indian Journal of Medical Research* 1995;49(4):83-87.

86. Ahmed M, Ahamed RN, Aladakatti RH, Ghosesawar MG. Reversible anti-fertility effect of benzene extract of *Ocimum sanctum* leaves on sperm parameters and fructose content in rats. *J Basic Clin Physiol Pharmacol* 2002;13(1):51-9.

87. Multilingual Multiscript Plant Name Database- Sorting Ocimum Names. 2008 [online].The University of Melbourne. Available from

http://www.plantnames.unimelb.edu.au/Sorting/Ocimum.html

[Accessed 25 August 2008].

88. Oudhia, P. 2003 [online].Major Ocimum species (Tulsi) of Chhattisgarh, India : Natural Occurrence, Traditional Medicinal Knowledge and Trade, Research Note

Available from http://www.botanical.com/site/column_poudhia/80_tulsi.html

[Accessed 9 August 2008].

89. Spice Pages. 2008. *Basil* [online]. Available from URL http://www.uni-graz.at/~katzer/engl/Ocim_bas.html#part [Accessed 5 August 2008].

90.Vanamali. Sri Devi Lila, The Play of the Divine Mother. *Aryan Books International* 2006, ISBN 817305304-9